WIR HIER OBEN – IHR DA UNTEN

Viktoria Waltz
Cornelia Suhan
Verein für Internationale Freundschaften e.V. Dortmund
(Hrg.)

Wir hier oben – Ihr da unten

Die Frauen an der Seite türkischer Bergleute der ersten Stunde erzählen

Ein Projekt der lebendigen Erinnerung und Spurensuche

Dortmund im Februar 2018

Wir hier oben – Ihr da unten
Herausgeber: Viktoria Waltz · Cornelia Suhan · Verein für Internationale Freundschaften e.V.
Dortmund 2018
Erschienen im Eigenverlag
Fotografie: Cornelia Suhan (Szenen und Portraits) · Privatfotos
Umschlagfoto: Halde Großes Holz Bergkamen, Cornelia Suhan
Die Gedichte wurden ins Deutsche übertragen von Mikail Kopi, Gelsenkirchen
Layout und Satz: ARTUS Design, Dortmund
ISBN 978-3-00-058810-5

Dieses Buch wurde vor allem durch die großzügige Unterstützung der NRW-Stiftung möglich.

Förderer sind:

Inhalt

Erinnern heißt nicht vergessen!

Die Frauen der Bergmänner aus der Ausstellung „Glückauf in Deutschland" sprechen und treten aus dem Dunkel heraus ans Licht.

Neun Jungmännergeschichten werden in der Ausstellung „Glückauf in Deutschland" präsentiert, zugegebenermaßen ganz besondere Geschichten. Denn diese Männer kamen 1964 aus der Türkei nicht als „Gastarbeiter", sondern als Jugendliche nach Deutschland in den Ruhrbergbau mit der Hoffnung auf eine gute Ausbildung, vielleicht sogar ein Studium, mit dem sich eine Zukunft in der Türkei für sie und ihre Familien aufbauen ließe. Sie waren fleißig und erfolgreich und wurden tatsächlich Ingenieure. Sie waren jung und unternehmungslustig, wollten nicht alleinbleiben, verliebten sich in eine junge Deutsche und heirateten hier oder heirateten die längst Versprochene oder Ersehnte aus der Heimat.

Zum Jahr der letzten Bergbauschichten im Ruhrgebiet wird die heroische Geschichte der Bergleute auf vielfältige Weise in Reden, Zeitschriften, Büchern und Filmen als eine Geschichte von Helden erzählt, die sie sicher jeder auf ihre Weise in der schweren Arbeit unter Tage waren.

Da mischen wir uns jetzt ein und erzählen die Geschichte ihrer Frauen „über Tage", den Heldinnen an der Seite dieser Männer, die zum „Glückauf" beigetragen haben. Diese Geschichte wurde bisher nicht erzählt. Ob als junge Deutsche, die einen Türken heiratete und den Kindern türkische Namen gab, oder als Türkin mit ganz anderen Gewohnheiten vertraut und ohne Vorkenntnisse in ein fremdes Land „geworfen", war ihr Leben beständig durch zwei Kulturen geprägt und bestimmt. Mit der Organisation des Alltagslebens der ganzen Familie wurden sie zur Brücke zwischen ihnen und waren Hilfe für den Erfolg ihrer ganzen Familie in der Gesellschaft. Diese Geschichten zeigen darüber hinaus ein anderes Bild von „der Türkin", die in der Öffentlichkeit gern als unterdrücktes, bemitleidenswertes Opfer gesehen wird, nämlich als handelndes Subjekt trotz aller Probleme als Eingewanderte. Auch ihre Geschichten machen und sind Geschichte.

Wir fragten sie:

Woher kam sie, wie lebte sie vor der Heirat? Wusste sie bei der Heirat, auf was sie sich einlassen würde? Kannte sie auch nur etwas von der neuen „Kultur", mit der sie nun leben würde? Gab es Konflikte, die vor allem mit dieser fehlenden Vertrautheit zu tun hatten? Wie ist sie damit umgegangen? Wenn Hilfe Glück ist, gab es dieses Glück, gab es Hilfe? Hatte sie je eine Ahnung, wie die Arbeit ihres Mannes, das Leben unter Tage ist? Und als sie es wusste oder zumindest erahnte, befiel sie nicht Angst? Gab es Ereignisse, die sie das Fürchten lehrten? Und wünschte sie sich nicht auch jeden Tag und jede Schicht „Glückauf"? Wie meisterte sie das Leben, den Alltag – vom fremd sein und fremd fühlen bis zur Überwindung der Fremdheit?

Fand sie einen eigenen Weg, einen eigenen Raum? Wie war das Verhältnis zur Nachbarschaft, den „Deutschen", den „Türken"? Wo fühlte sie sich zu Hause? Brauchte nicht auch sie eine große Portion Glück, um das alles zu meistern?

Ihre Geschichten an der Seite ihrer türkischen Männer sind ein Teil der Zuwanderungsgeschichte. Neben ihrer jeweils persönlichen Geschichte teilten sie alle die damaligen Bedingungen in Deutschland, waren beispielsweise erst mit 21 Jahren volljährig und durften ohne Genehmigung ihres Mannes nicht arbeiten gehen. Als Türkin war ihr gesellschaftlicher Status außerdem durch die Ausländergesetzgebung bestimmt und beengt.

Erst mit ihrer Geschichte wird die Geschichte der Zuwanderung komplett und damit ein wichtiges Zeitdokument unserer Region, des Ruhrgebietes und speziell des Ruhrbergbaus veröffentlicht.

Viktoria Waltz
Cornelia Suhan

VIF erhielt Preise für das Projekt
„Glückauf in Deutschland" –
hier den NRW-Engagementpreis 2016,
Preisverleihung 12.02.2017 in Düsseldorf
(Foto Nadine Preis)

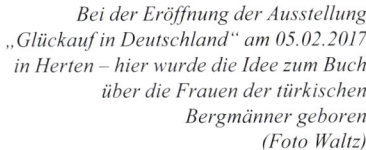

Bei der Eröffnung der Ausstellung
„Glückauf in Deutschland" am 05.02.2017
in Herten – hier wurde die Idee zum Buch
über die Frauen der türkischen
Bergmänner geboren
(Foto Waltz)

Grußworte

PETRA REINBOLD-KNAPE

MITGLIED DES
GESCHÄFTSFÜHRENDEN
HAUPTVORSTANDS
DER IG BCE

REGINA KARSCH

LEITERIN DER ABTEILUNG
DIVERSITY UND
ANTIDISKRIMINIERUNG
DER IG BCE

Liebe Leserinnen, liebe Leser, liebe Kolleginnen und Kollegen,

Starke Frauen machen ihre Erfahrungen, gehen ihren Weg, verfolgen ihre Ziele. Manchmal wissen starke Frauen aber auch noch gar nicht, welche Kräfte in ihnen stecken. Es bedarf besonderer Situationen um ihnen zu zeigen, was in ihnen schlummert…

In diesem Buch lassen uns acht starke Frauen an einem ihrer Lebensabschnitte teilhaben. Sie erzählen uns ihre ganz persönlichen Geschichten. Geschichten, die geprägt sind von interessanten Begegnungen und Herzlichkeit aber auch von Vorurteilen und Missverständnissen.

Die 1950er und 1960er Jahre in der Bundesrepublik waren geprägt von einem rasanten Wirtschaftswachstum. Nachdem die Bundesrepublik Deutschland mit einigen Ländern Anwerbeabkommen ab Mitte der 1950er Jahre abgeschlossen hatten, verließen viele Männer ihre Heimat, um in Deutschland zu arbeiten. Viele kamen in die Fremde mit dem Wunsch, später wieder in ihre Heimat zurückzukehren. Dass aber viele hierblieben und sich ein Leben in Deutschland aufbauten, wird in den Interviews deutlich. „Man hat Arbeitskräfte gerufen, aber es kamen Menschen", so der Autor Max Frisch damals. Ergänzen müsste man aber: „Es kamen Menschen mit ihren Partnerinnen und Familien". Die Gesellschaft tat sich seinerzeit schwer damit, die sogenannten Gastarbeiter aus Griechenland, der Türkei, Spanien oder Italien zu integrieren. Es war eine Zeit voller Vorurteile, Barrieren und schmerzlichen Erfahrungen der Zuwanderer. Dieses gesellschaftliche Klima war eine Belastung auch für die Ehefrauen. Auch sie mussten ihren Platz in der deutschen Gesellschaft erst finden. Neben Selbsthilfe gab es z. B. Organisationen wie die Revierarbeitsgemeinschaft für kulturelle Bergmannsbetreuung e.V. (REVAG), die sich der Integration der Einwanderer und ihrer Familien annahmen. So bot die REVAG spezielle Freizeitangebote an oder half beim Erlernen der deutschen Sprache.

Jede dieser Frauen in diesem Buch hat ihre eigene Geschichte, geprägt von negativen aber auch schönen Erlebnissen. Ohne ihre Frauen hätten unsere Kollegen bei ihrer harten und gefährlichen Arbeit im Bergbau nicht durchgehalten und wären womöglich nicht Steiger, Techniker oder Ingenieur geworden.

Die spannende Geschichte der IG BCE ist auch eng verknüpft mit dem Verständnis der Familien für die Arbeit der Kolleginnen und Kollegen vor Ort. Daher ist es uns eine Herzensangelegenheit, dass diejenigen zu Wort kommen, die nicht in erster Reihe stehen, aber trotzdem einen entscheidenden Beitrag leisten.

Wir danken allen Frauen in diesem Buch für ihre Offenheit - und vielleicht auch ihren Mut - etwas von ihrem Leben preis zu geben.

Allen Leserinnen und Lesern eine spannende Lektüre.

Ein herzliches Glückauf!

PROF. DR.
YASEMIN KARAKAŞOĞLU

UNIVERSITÄT BREMEN

Die Lebensgeschichten der hier porträtierten Frauen stellen spannende Tonfolgen im Konzert der vielen, vielfältigen Migrationsgeschichten von Menschen dar, die heute in Deutschland leben. Sie machen auf eindrucksvolle Weise deutlich, wie wenig das medial und im gesellschaftlich Diskurs weit verbreitete Bild der bemitleidenswerten, von ihrem Mann unterdrückten Frau in türkischen Familien in der Breite der Lebenserfahrungen und Selbstbildern der so angesprochenen Frauen entspricht.

Die Lebensgeschichten zeigen aber auch, dass Wanderung nicht immer mit einer Verbesserung der Lebensumstände einhergehen muss, wie es insbesondere diejenigen unter den Frauen erlebt haben, die aus gebildeten und durchaus wohlhabenden Familien in der Türkei stammten und in weniger behütete Verhält-

nisse des Ruhrgebietes der 60er und 70er Jahre einmündeten.

Für alle jedoch stand die gute, liebevolle Beziehung zum Partner, die Zukunft der Kinder im Mittelpunkt ihres Lebens in Deutschland mit weiterhin aufrecht erhaltenen engen Bezügen zur Türkei. Das Resümee eines dermaßen erfüllten Lebens fällt in den meisten Fällen positiv oder zumindest hoffnungsvoll für die nächste Generation aus, ohne dabei verklärend zu sein, denn auch Diskriminierungserfahrungen haben ihren Platz in den Erinnerungen.

Mit dieser Veröffentlichung wird – so die Hoffnung der Macherinnen – ein Beitrag dazu geleistet, dass auch ihre Erfahrungen und ihr Selbstverständnis als Bergmannsfrauen, die ihren persönlichen Beitrag zur gesellschaftlichen Entwicklung Deutschlands als kulturell vielfältiges Einwanderungsland geleistet haben, ihren Weg in das Bewusstsein der Öffentlichkeit finden und somit das allgemein verbreitete Bild von „den Türken und Türkinnen" weiter ausdifferenzieren.

VIKTORIA WALTZ

Fremdsein, Fremdwerden und Fremdheit überwinden – eine Einführung

Die Idee zu dieser „Reportage" über einige der mit einem türkischen Bergmann verheirateten Frauen entstand zunächst aus dem Bedürfnis heraus, die Geschichte von neun türkischen Bergmännern in der Ausstellung „Glückauf in Deutschland" zu ergänzen. Die Frauen sollten eine eigene Stimme bekommen und ihr Beitrag zur Ruhrgebietsgeschichte im Allgemeinen und zur Geschichte ihrer Männer im Besonderen „ans Licht" gebracht und gewürdigt werden.

Da es sich nach unserem Verständnis bei dieser Spurensuche tatsächlich um „Geschichte" handelt und nicht nur um „Geschichten", waren wir uns sicher, dass die Biografien dieser besonderen Frauen von ihnen selbst und aus ihrer Perspektive erzählt werden müssen, damit sie auf Interesse stoßen, Empathie erzeugen und um auf diese Weise Geschichte als persönlich erlebte lebendig werden zu lassen und damit auch die üblichen Klischees zu überwinden.

Im Verlauf der Gespräche, der Durchsicht von Dokumenten und Fotografien und in Gesprächen mit weiteren interessierten Frauen wurde uns immer mehr die Komplexität dieser Geschichte(n) deutlich.

Die Rolle der Frau wird Anfang der 70er-Jahre mehrheitlich noch vom Familienmodell geprägt

Wir stellen nicht nur jung verheiratete Frauen einer bestimmten Zeit mit ihren spezifischen Umständen und Bedingungen im Deutschland der Siebzigerjahre vor, in denen eine Heirat für die Mehrheit Normalität war, man erst mit 21 Jahren volljährig wurde und eine Frau die Zustimmung ihres Mannes brauchte, um arbeiten gehen zu dürfen (erst 1977 geändert). Nicht ganz so verschieden war die Lage in der Türkei, wo Heirat und Familie die Zukunft einer jungen Frau bestimmten und, wenn sie nach Deutschland kam, „Ausländergesetzgebung" (AuslG 1965, „Integration auf Zeit") und „Arbeitsrecht" (§ 19 AFG 1973 mit Arbeitsmarktvorrang für deutsche und EU-Bürger) Aufenthalts- und Arbeitsmöglichkeiten der „Nachgezogenen" zunächst einschränkten.

Das Bild der Frau war in beiden Gesellschaften durch das Familienmodell geprägt – man ließ sich gern darauf ein, vielleicht auch weil es wenig Alternativen gab. Damals studierten nur wenige Frauen, es war eigentlich klar, dass man die Zeit bis zur Ehe nur mit einer „Tätigkeit", nicht mit einem Beruf, einer Berufung, überbrückte. Zu meiner Gymnasialzeit zum Beispiel blieben aus ursprünglich drei Gymnasialklassen mit je fast 30 Schülerinnen nur etwa 15 Mädchen bis zum Abitur, deren Mehrheit ging ins Lehramt. Ich studierte Architektur und wir waren damals 1964 zwölf Mädchen von insgesamt 135 Erstsemestern.

Auch in der türkischen Gesellschaft gab es durch die kemalistischen Reformen formal die Möglichkeit eines eigenständigen Wegs für Frauen, von guter Ausbildung und Beruf. Die Republik Türkei führte schon 1928 die formale Gleichstellung von Männer und Frauen mit der Verfassung ein und beschloss 1938 noch vor Frankreich (1948) ihr uneingeschränktes Wahlrecht. In den Kreisen, die sich als aufgeschlossen und modern, als Kemalisten und Kemalistinnen, also Anhänger der Ideen des Republikgründers Kemal Paşa, genannt Atatürk verstanden, förderten die Eltern die Schulausbildung ihrer Töchter und zumindest eine handwerkliche Ausbildung, wenn diese denn machbar war. Das Machbare aber kollidierte oft, aus Armut und Mangel an Geld einerseits – so war es auch in Deutschland – und andererseits aufgrund der noch immer patriarchalisch geprägten Konvention, mit der (Un)Möglichkeit, ein Mädchen irgendwohin unbegleitet in die Fremde zu schicken.

Man sieht unter den hier porträtierten Frauen an Münevver Karaoğlu und Hatice Sarıkaya vor allem, dass auch Mädchen in der Türkei Vorstellungen über eine eigene Zukunft hatten, dass es Träume gab, die über eine baldige Ehe hinausgingen. Da diese oft schon durch die Familie und Verwandte längst vorbereitet war, hatte Rebellion dagegen allerdings kaum eine Chance.

Emigration bedeutet Schmerz – Willkommen geheißen werden ist Hilfe

Nicht zuletzt aber geht es hier auch um Emigration. „Jede Emigration ist Schmerz und manchmal großer Schmerz", fasste kürzlich die Schriftstellerin Elena Lappin ihre Emigrationserfahrungen zusammen („In welcher Sprache träume ich?" in WDR 3 Resonanzen am 27.12.17). Wenn wir hier also das Leben von Frauen aus der Türkei aufzeigen, die mit vielleicht 18, 19 Jahren in die Fremde gingen, dann geht es auch um Schmerz, vor allem um den Verlust der Familie. Sie verließen Freundinnen und Freunde, ihre soziale Umgebung und die fast tägliche, warmherzige Geselligkeit zwischen Großfamilien, Verwandten und Nachbarn. Zu dem Verlust von allem, was bisher vertraut war, kam die plötzliche Sprachlosigkeit, die größte Hürde am Beginn eines neuen Lebens. Sobald es Nachwuchs gab und das komplexe Alltagsleben für die gesamte Familie, mit Kindergarten, Schule und vielem mehr, das zu organisieren war, war „Integration" gefordert, wo alles fremd war. Da kaum Hilfe von außen zu erwarten war, musste die Frau es selbst schaffen. Und sie schaffte es!

Die jungen deutschen Frauen, die einen „Ausländer" heirateten, hatten andere Probleme zu bewältigen. Zwar fuhren viele Familien in den Sechzigerjahren gern nach Italien oder Jugoslawien. Aber eine Verbindung mit einem „Spagetti"? Eine Beziehung zu einem Türken, einem Muslim, erforderte noch viel größeren Mut in einem Land, wo Heiraten zwischen Katholiken und Protestanten noch als „Mischehe" galt und verpönt war.

Auch die deutschen Frauen hatten mit dem „Fremdsein" zu tun. Nicht nur der türkische Ehemann konnte eine Herausforderung bedeuten, auch wenn dieser mit 14, 15 Jahren nach Deutschland gekommen und über mehrere Jahre durch Enthusiasmus, Einfügung, Gewöhnung und viel Hilfe seitens der Lehrherren, Gewerkschaften und einer sogenannten Pestalozzifamilie, die den Minderjährigen mehr als drei Jahre beherbergte, an Deutschland gewöhnt, „integriert" und der Sprache absolut mächtig war. Da gab es kaum Auseinandersetzungen um sogenannte kulturelle Unterschiede oder Werte. Schwieriger war das Kennenlernen, Einfühlen und Integrieren in die Verhältnisse der Schwiegereltern und der türkischen Gesellschaft. Das „Willkommen" war auf jeden Fall überraschend positiv und warmherzig, sodass schnell eine Brücke entstehen konnte. Aber auch in dieser Hinsicht musste jede Frau einen Weg der Einfügung finden, um die Sprache zu verstehen und die Kultur zu akzeptieren oder diese gar zu erobern versuchen, und fand diesen.

Schließlich wird in allen Biografien das Thema Integration auf eine je eigene Weise erzählt, als ein Prozess der Schmerzüberwindung und des Suchens und Findens. Der Weg dazu war für die jungen Frauen aus der Türkei keinesfalls einfach, denn es gab zu jener Zeit überhaupt keine Hilfe, kein „Willkommen". Erstmals sprach das „Kühn-Me-

morandum", SPD, von 1979 von der Notwendigkeit integrativer Maßnahmen für „die ausländischen Arbeitnehmer und ihre Familien". Die Vorschläge konzentrierten sich auf die schulische Integration der Kinder, nicht aber auf die Elterngeneration und schon gar nicht auf die Frauen und Mütter. Die 1982 folgende CDU/FDP Regierung setzte durch finanzielle Rückkehrförderung auf Rückkehr, eine Reformierung des Ausländergesetzes fand erst zu Beginn der 90er-Jahre statt. Trotz einiger Verbesserungen beim Aufenthaltsstatus blieb es ein Polizeiaufgaben-Gesetz mit Ermessensspielräumen für die Behörden. Aufenthalt und Familiennachzug wurden an den Nachweis ausreichenden Wohnraums geknüpft, das Kindernachzugsalter wurde gesenkt – bei gleichzeitig steigender Ausländerfeindlichkeit.

Für Frauen sind die Qualität der Stadt, des Quartiers und die Atmosphäre der Nachbarschaft von größter Bedeutung

Das Alltagsleben der eingewanderten Männer unserer Bergmannsfrauen war im Wesentlichen durch den Beruf, die Zeche, die Arbeit unter Tage geprägt und strukturiert. Dort gab es Solidarität und Gemeinschaft, wenn sich auch die Arbeit unter Tage als Steiger oder Hauer gleichermaßen unter hohen Belastungen und körperlicher wie seelischer, nervlicher Anspannung vollzog. Für sie war und ist das Zuhause der ruhige Gegenpol zu

Bergkamen

Nummer 134   R   UBK 3   Freitag, 10. Juni 1988

Acht Betroffene waren zur Diskussion über die Probleme türkischer Frauen in der Bundesrepublik in die Oberadener Frauenwerkstatt gekommen.
(Foto: Ulrich Bonke)

Diskussion über Probleme von Ausländerinnen

Mehrheit der Türkinnen ohne eigene Aufenthaltserlaubnis

Bergkamen-Oberaden. (ann) „Die meisten türkischen Frauen, die in der BRD leben, haben in der Regel ein von ihrem Ehemann abgeleitetes Aufenthaltsrecht, das heißt keine eigenständige Aufenthaltserlaubnis. Dieser Umstand bringt insbesondere dann große Probleme mit sich, wenn sich eine türkische Frau zu einer Scheidung entschlossen hat", erklärt einleitend Rosi Müller, eine hauptamtlich Mitarbeiterin in der Frauenwerkstatt in Oberaden. Sie setzt sich seit vielen Jahren für die Bewältigung der Probleme und Schwierigkeiten ein, mit denen sich vor allem ausländische Frauen in der BRD auseinandersetzen müssen. Im Rahmen einer Veranstaltung der Frauenwerkstatt am vergangenen Dienstag, dem soeben von einem Seminar zum Thema Ausländerrecht zurückgekehrte Mitarbeiterin, den Frauen einen Einblick in die gesetzlichen Bestimmungen zu geben.

Kurz notiert

Dabei erläuterte sie auch die Bedingungen für eine eigenständige und unbefristete Aufenthaltserlaubnis und die

Trennung entfiele der Aufenthaltsgrund einer ausländischen Frau, sie erhalte danach eine befristete Aufenthalts-

Im AWO-Gesprächskreis, 1988, Münevver Karaoğlu ganz rechts

alledem und der Wunsch nach einem harmonischen Zusammenleben mit der Familie hatte Vorrang.

Vor allem die jungen Frauen aus der Türkei, die diesem Wunsch nachzukommen hatten, mussten zunächst jedoch einen größeren Schock überwinden. Den Töchtern „aus gutem Hause", ob aus der Großstadt Istanbul, einer kleinen Provinzstadt oder einem Dorf, ausgebildet und belesen, wurde ihr Deutschlandbild vom ersten Tag an enorm erschüttert. Das Ruhrgebiet der 70er-Jahre entsprach keiner ihrer Vorstellungen über Deutschland als einem reichen, modernen Land. Sie „landeten" buchstäblich in einem grauen, kalten Milieu voller Hässlichkeiten, wie man sie sich in einem zwar armen, aber doch sonnigen, auch sozial gesehen warmen Land überhaupt nicht vorstellen konnte:

Dortmund-Deusen zwischen Emscher, Müllhalde und der Industriebrache der Zeche Fürst Hardenberg eingeklemmt, mit Großraumwagenverkehr zwischen Hardenberg und der Zeche Minister Stein belastet und mit wenig Häusern auf Bergsenkungsgebiet gelegen; Alt-Scharnhorst, auf ehemaligem Zechengelände eine bescheidene Wohnsiedlung der Nachkriegszeit aus dem Marshall-Plan, in der Nachbarschaft die erst im Entstehen befindliche Großwohnsiedlung Scharnhorst Ost ohne Anbindung an die Stadt, soziale Infrastruktur fehlte völlig; Pestalozzisiedlung „Im Hasenwinkel" im Blickfeld der Ze-

che Erin in Castrop; Dortmund Huckarde im Blickfeld von Zeche und Kokerei Hansa, mit allem, was das Ruhrgebiet damals noch immer zu bieten hatte: Staub, Lärm, diverse unangenehme Gerüche je nachdem wie der Wind stand. Es fehlten Grün, Gärten, Freiräume, die Wohnungen waren klein, eng, schlecht beheizt und schlecht ausgestattet.

Im Ruhrgebiet der 70er-Jahre sind drei Wohntypen vorherrschend:
– *der großstädtische Mehrfamilien-Altbau der Gründerjahre,* zu jener Zeit geprägt durch veraltete Baustruktur, hohe Umwelt- und Verkehrsbelastung, wenig Grün, schlechte oder geringe Wohnqualität, was Gestaltung, Größe und Ausstattung etwa mit Bad angeht, und hohe Wohndichte;
– die *Großsiedlungen der 60er-/70er-Jahre,* vor allem mit schlechter Anbindung an zentrale Einrichtungen der Stadt, mangelnder Ausstattung mit privater und öffentlicher Infrastruktur wie Kindergärten oder Geschäfte, schlechter Baustruktur (Hellhörigkeit) und wenig gestalteten öffentlichen Räumen;
– die *frühindustriellen Arbeiterkolonien,* geprägt durch hohe Umwelt- und Verkehrsbelastung, hohe Wohnbelegung und Dichte, von schlechter und veralteter Wohnausstattung und Baustruktur, erfreulich war dort der dazugehörige Garten, weniger die Toilette außen im Stallanbau.

„Spurensuche" bei der Auswahl der Fotos und Dokumente

Alle unsere jungen Frauen haben in der ersten Zeit ihrer Ehe, diejenigen aus der Türkei zu Beginn ihres Aufenthaltes in Deutschland ebenso wie die deutschen, diese Wohnsituationen geteilt. Hatice Sarıkaya, Münevver Karaoğlu, Birsen Çelikoğlu, Emine Mavili und Ayşe Ayan beginnen ihr neues Leben in gedrängten zwei Zimmern, manche sogar noch in der Kleinwohnung eines Kollegen mit dem befreundeten Ehepaar zusammen oder in einem Zimmerchen der Pestalozzifamilie. Evelyn Sarıkaya, Anne Demirci und Gabi Kanag beginnen ihr Familienprojekt nicht viel anders, mit Wohnküche und Schlafzimmer oder in einem bescheidenen Altbau unterm Dach. Einem türkischen Ehemann mögen Hausbesitzer nur ungern eine Wohnung vermieten.

Die Möglichkeit für verheiratete Zechenangehörige, eine

angemessene Zechenwohnung zugeteilt zu bekommen, verbesserte die Situation auch für die türkischen Bergleute schon um einiges. Weil aber nachweislich die ausländischen Familien auch weiterhin (bis heute) auf dem Wohnungsmarkt benachteiligt bleiben und mehrheitlich nur in den schlechteren Segmenten des Wohnungsmarktes eine Wohnung finden, egal zu welcher Gesellschaftsschicht sie gehören, ob Steiger, Ingenieur oder Hauer, bleibt ihnen allen am Ende nur der Kauf oder Bau eines eigenen Hauses, um eine für sie angemessene und gut ausgestattete „Behausung" zu finden, was viele von ihnen nach vielen Jahren auch verwirklichen können.

Solidargemeinschaft Zechensiedlung

Unschätzbar wertvoll war vor allem für die Frauen aus der Türkei die Zechensiedlung, die Kolonie, in die sie nach der anfänglicher „Not" einziehen konnten. Endlich gab es Nachbarn, andere Familien aus der Türkei, Frauen. In der Kolonie ging zumindest ihr Wunsch nach Kontakt, Geselligkeit und Teilhabe in Erfüllung. Dort herrschte die selbstverständliche Hilfsbereitschaft der Bergarbeiterfamilien. Die Kolonie war Kontaktbörse, Informationsquelle, es gab gemeinsames Gärtnern. Die Gärten waren im Sommer Treffpunkt und ein Teil der Gewohnheiten von zu Hause konnte dort gelebt werden: gemeinsames Kaffeetrinken, grillen, die Kinder zum Spielen schicken, auf andere Kinder aufpassen, in Gesellschaft sein, und zwar mit den deutschen wie mit den türkischen Familien und Kollegen.

Für die Frauen aus der Türkei bedeutete es außerdem, in der Heimatsprache die auftretenden Fragen und Probleme aufzugreifen, über die gleichen Scherze zu lachen, der gleichen Musik zuzuhören – ein Stück Heimat. Dass dies einen außerordentlichen Wert für diese jungen Frauen bedeutet haben muss, darf gar nicht unterschätzt werden. Daraus „Getto"-Verhalten zu deuten wäre unlauter. Es ist überlebenswichtiger, schützender Raum gewesen, zumindest für die ersten Jahre. Und darüber erst konnten sie ihren eigenen Raum, ihre je eigene Strategie für das Überleben in der Fremde und ein Überwinden des Fremdseins finden. Erwähnt werden muss hier, dass die Sendungen für „Gastarbeiter" wie „Radyosu" und „Ihre

Heimat – Unsere Heimat" für alle Hilfe bedeutete und gern gemeinsam angehört und angeschaut wurde.

Hier in der Kolonie begannen auch die ersten Projekte sozialer Arbeit mit Frauentreffs, Vereinsbildung, gemeinsamen Freizeitaktionen und Förderprojekten, wie wir von Hatice Sarıkaya erfahren. Integration braucht Menschen, die sich wohlfühlen, die aufeinander zugehen können und etwas Gemeinsames tun wollen und tun.

Nicht zuletzt teilten die Bergmannsfamilien und vor allem die Frauen das gleiche gefährliche Arbeitsleben ihrer Männer, die unmenschlichen, familienfeindlichen Wechselschichten und die gemeinsame Sorge und Hoffnung, dass „da unten" alles gutgehen möge.

Dass überhaupt alles gutgehen möge war der Wunsch aller hier porträtierten Frauen, vielleicht stellvertretend zu sehen für die vielen Frauen in ähnlicher Situation. Den Frauen aus der Türkei wie den deutschen Frauen, die bis heute mit einem türkischen Bergmann verheiratet sind, ist es trotz aller beschriebenen und durchlebten Krisen und Probleme gelungen, ihr Familienprojekt zum Erfolg zu führen. Im Widerstreit der Gedanken und Gefühle, ob die Zukunft der Familie in der Türkei oder in Deutschland liege, zwischen Ansprüchen der hiesigen und der dortigen Familie, im Hin und Her zwischen den beiden Ländern und Kulturen sind sie die Hauptlasttragenden gewesen, saßen sie sozusagen be-

ständig und fest auf mehreren Stühlen. Ganz anders ist die allgemeine öffentliche Sicht auf die Frauen aus der Türkei der sogenannten ersten und zweiten Generation. Im populären und teilweise auch im akademischen Diskurs erscheinen sie als Opfer, „zwischen den Stühlen", sprachlich und kulturell wenig integriert, durch den Ehemann unterdrückt, durch die Religion gefesselt, eben bemitleidenswert.

Aber was uns diese Frauen hier zeigen, sie haben die Herausforderungen angenommen, gemeistert und mit und für ihre Familie um ein die Zukunft sicherndes Leben mit den Kulturen und mit den Sprachen gekämpft. Sie haben sich weder in der Türkei noch in Deutschland von den oft schwierigen Verhältnissen beirren lassen und fühlen sich in beiden Welten zu Hause, in Deutschland und in der Türkei. Als Hauptverantwortliche für die Zukunft ihrer Kinder haben sie alle Großartiges vollbracht.

„Ich habe von beiden Kulturen das Schöne genommen und es hat mich reich gemacht", sagt Hatice Sarıkaya am Ende ihrer Überlegungen. Gabi Kanag resümiert: *„Ich habe eine andere Kultur kennenlernen dürfen und eine neue Großfamilie gewonnen."*

Wenn dieses Resümee in der Erinnerung unserer regionalen Geschichte festgehalten wird und bleibt und nicht nur das Bild von den zwischen und mit den Kulturen lebenden Frauen als Opfer vorherrscht, dann haben

wir mit diesem Projekt hoffentlich etwas bewirken können.

Die folgenden biografischen Reportagen sind im Austausch mit den Protagonistinnen auf der Basis Leitfaden gestützter Interviews entstanden, ergänzt und vertieft durch Erzählungen zu den Familienfotos.

ÇOCUK	KIND
Öyle masum durma çocuk	*Sei nicht schüchtern Kind*
Konuş biraz, gül biraz	*Rede etwas, lache etwas*
Varlığınla doldur bizi	*Erfülle mich mit deinem Dasein*
Sarıl bana, sev biraz	*Umarme mich, liebe mich etwas*
Dön arkana bak çocuk	*Dreh Dich um schau nach hinten Kind*
Çabuk büyü, koş biraz	*Erwachse schnell, renn etwas*
Zaman geçip gidiyor	*Zeit schwindet dahin*
Yürü artık, koş biraz	*Lauf schon, renn etwas*
Seni sevenler bekliyor	*Deine Lieben warten auf Dich*
Öğren, oku, bil biraz	*Lerne, lese, hab' etwas Wissen*
Geleceğin dâhisi ol	*Sei Genie der Zukunft*
İnsanlığı gör biraz	*Sehe Dir die Menschheit an*
Sevgi bağları bozuldu	*Zuneigungen sind brüchig geworden*
Yalnız insanlar çoğaldı	*Allein die Menschen haben sich vermehrt*
İnsanlığa yardımcı ol	*Helfe der Menschheit*
Konuş biraz, sev biraz	*Rede etwas, liebe etwas*
Yarınları bekliyorum	*Ich warte auf die kommenden Tage*
Büyü çocuk, koş çocuk	*Wachse Kind, lauf Kind*
Sen barışı getir bize	*Bring Du uns den Frieden*
Bize umut ver çocuk	*Gib uns Hoffnung Kind*

MÜNEVVER KARAOĞLU

1984

Die Frauen der Bergmänner erzählen

AYŞE AYAN

„*Es waren 15 Jahre harte Arbeit – aber am Ende habe ich meinen Traum erfüllt: ein schönes Haus mit Garten in meinem Dorf in der Türkei*"

Ayşe war nicht in die Wiege gelegt, dass sie eines Tages als Frau eines unter Tage arbeitenden türkischen Bergmanns in Dortmund-Huckarde leben und mit anderen türkischen Frauen in einer Glasfaserfabrik arbeiten gehen würde. Als es geschah, nahm sie es hin und machte das Beste daraus, wie die meisten Bergarbeiterfrauen. Das Wichtigste war, dass diese Odyssee, die sie nach Huckarde führte, eines Tages enden und sie in ihrem Heimatdorf im Westen der Türkei ihren Lebensabend genießen könnte. Das hat sie schließlich zusammen mit ihrem Mann und ihren Kindern erreicht.

Ihre Geschichte hat auch mit dem Osmanischen Reich zu tun, mit dessen Ende und den weltpolitischen Veränderungen danach und vor allem nach dem Zweiten Weltkrieg. Ayşes Urgroßvater war Imam, kam aus einer gelehrten, gebildeten Familie und ist als solcher in den bulgarischen Teil des Osmanischen Reichs geschickt worden. Sie wurde dort, im Dorf Eski Cuma, geboren und war das älteste der verbliebenen Mädchen, außer ihr Cevriye, Hafize und Azime – zwei Jungen waren im Babyalter gestorben. Sie waren eine angesehene Familie, Bauern, die ein Auskommen hatten.

Ayşe besuchte dort erst ein Jahr lang die Grundschule und war die Beste ihres Jahrgangs. 1951, als sie gerade neun Jahre alt war, entschied sich die Großfamilie, aus dem sozialistisch gewordenen Bulgarien auszuwandern. Der türkische Staat hatte den dort lebenden Muslimen und ehemaligen osmanischen Bürgern angeboten, sie aufzunehmen und jeder Familie ein Stück Land von 10 „dönüm" pro Familienmitglied (10 dunam etwa 1 ha) und damit eine neue Existenzgrundlage zu geben. Nach schwerem Entschluss wanderten sie mit 18 Familien aus, jede Familie wurde einem Dorf zugeteilt. Familie Özcan kam nach Malkara Kırkali Köyu im Westen der Türkei nahe der griechischen Grenze, bei Tekirdağ.

Sie begannen ein neues Leben. Es kamen noch zwei Schwestern dazu, man arbeitete hart auf dem Feld. Sie hatten eine Kuh, Hühner, Katzen und Hunde, bauten Weizen an, aber es reichte nie. Für den Winter arbeiteten die Männer manchmal im Tagebau und bauten Kohle ab, eine schwere Arbeit. Eine Schule gab es in Kırkali Köyu nicht, nur ein Jahr ging sie in einem Nachbardorf wieder zur Schule, war wieder die Beste. Aber der Weg war zu weit und ihre Arbeitskraft wurde gebraucht. *„Ich wäre so gern weiter in die Schule gegangen, aber es war unmöglich."*

Die Männer gingen als Tagelöhner auf größere Höfe arbeiten, da wurden alle Frauen und Mädchen auf dem Feld und im Haushalt gebraucht. Mit 12, 13 Jahren wurde Ayşe auch schon zum Arbeiten als Tagelöhnerin geschickt, wenn sie nicht auf die Kleinen aufpassen musste. Sie war fleißig und geschickt, das sprach sich herum.

AYŞE AYAN

Geb. Özcan

1942 in Eski Cuma, Bulgarien

1951 in die Türkei, Region Tekirdağ, als „Mahacir" umgesiedelt

Seit 1969 in Dortmund

Seit 1985 pendelt sie mit ihrem Mann zwischen der Türkei und Deutschland

Als sie 15 Jahre alt war, wurden Nachbarn auf sie aufmerksam. Sie waren aus Erzincan, ebenfalls Bauern und suchten für ihren Sohn Ahmet, der gerade 22 Jahre alt war und den Militärdienst beendet hatte, eine Ehefrau. Man wurde sich schnell einig, die Verlobung wurde besiegelt und 1958, als sie 16 war, wurde geheiratet. Sie zog zur Familie ihres Mannes, auch dort war es eng, in drei Zimmern wohnte die Familie mit neun Personen. Das junge Paar bekam ein eigenes Zimmer. Auch dort reichte es nicht für alle und 1963 entschied der Schwiegervater, dass bis auf den ältesten Sohn alle mit ihm nach Istanbul gehen sollten. Er hatte durch Verbindungen eine Arbeit für alle bei der Firma Kale, die Schlüssel herstellte, gefunden. Aber, wie alle Zuwanderer in den großen Städten, hatten sie keine feste Wohnung gefunden, sondern wohnten in einer Behelfswohnung am Rande der Stadt. Es war ein „Gece Kondu", „über Nacht gelandet", ein über Nacht gebautes Haus im Stadtteil Gazi Osman Paşa, wo andere Zugereiste wie sie mehr schlecht als recht eine Behausung gefunden hatten. Sie lebten mit vier Familien in drei Zimmern, Ayşe hatte bereits zwei Kinder, Mädchen, Hayriye und Hatice. Die Männer gingen täglich zwei Kilometer zu Fuß zur Arbeit.

„Es waren schwierige Zeiten für mich und uns alle. Elektrik gab es nicht. Wasser mussten wir Frauen von weit hertragen. Solange das Wetter gut war, ging es, aber sobald der Regen kam,

war es fürchterlich. Das Wasser floss über den Boden, der Wind pfiff durch das Dach."

Ayşe nähte alles selbst, manchmal konnte sie etwas verkaufen. Viel Geld hatten sie nicht. Pro Woche verdienten die Männer damals 60 Lira, aber der Vater nahm ihnen 50 für den Haushalt ab, denn sie konnten es nur schaffen, wenn sie alles zusammenwarfen, gemeinsam einkauften, kochten und was noch gebraucht wurde.

„Ich erinnere mich, dass meine Älteste immer schnell zum Papa lief, wenn er das Geld bekommen hatte und bettelte, dass er ihr ein ‚Simit', einen Sesamkringel, kaufte. Sie wollte unbedingt einen für sich haben und nicht teilen müssen. Ein Simit kostete damals 25 Kuruş, das war für uns viel. Wir waren aber mit unserem Leben zufrieden, es reichte und wir lebten zusammen. Das war wichtig."

Dann kam die Nachricht, dass Deutschland Arbeitskräfte suchte. Es wurde geworben, man sollte gesund sein und konnte viel Geld verdienen. Ayşes Mann entschied sich im Oktober 1964, diese Chance wahrzunehmen und nach Deutschland zu gehen.

„Er träumte von einem Geschäft, wollte schnell 10.000 Mark verdienen, zurückkommen und einen Laden aufmachen. Ich ging zurück ins Dorf zu meinen Eltern und wartete. Wir hatten zwei Zimmer, die mein Mann an das alte Haus angebaut hatte, so ging es ganz gut. Wir schrieben uns Briefe und ich erfuhr etwas von seinem neuen Leben. Wie

gut, dass ich in der Schule fleißig gelernt hatte, jetzt konnte ich das Gelernte, Lesen und Schreiben, dringend gebrauchen. Die Zeit ohne ihn war für mich schlimm genug."

Aber die 10.000 Mark ließen sich nicht einfach mal schnell verdienen. Das Leben in Deutschland war teuer, er konnte nicht alles zurücklegen, musste ja auch leben und Geld in die Türkei bringen.

„Mein Mann kam in den Ferien nach Hause, aber es dauerte vier Jahre, bis eine neue Entscheidung fiel: Ich sollte mit meinem Sohn Yüksel, der 1966 geboren war, zu ihm nach Deutschland gehen, dort hatte er auch Arbeit für mich gefunden, damit alles schneller gehen würde. Die beiden Töchter musste ich vorerst bei den Großeltern zurücklassen. Das war für alle von uns dramatisch. Die Töchter weinten, ich weinte. Aber es ging nicht anders. In jeden Ferien dasselbe, Freude beim Wiedersehen und Tränen beim Abschiednehmen, bis wir die Mädchen nach weiterer vier Jahren mit nach Deutschland nehmen konnten. Da war die Ältere, Hayriye, schon 12, die Kleine, Hatice, 10 Jahre alt."

Im Februar 1969 war es dann soweit. Ayşe kam mit Yüksel nach Dortmund-Huckarde in die Erpinghof-Siedlung. Sie sind eigentlich nie aus Huckarde herausgekommen. Ihr Mann hatte sehr nette Kollegen bei der Zeche Hansa, die alle geholfen haben, die Wohnung zu renovieren, Möbel zu besorgen und alles schön zu machen.

„Die Wohnung war wunderbar, es gab ein Bad – aber draußen, die Umgebung war so hässlich, alles schwarz ‚kara, kara'. Das war nicht schön, und kalt war es auch."

Nun begann das neue Leben in Deutschland. Sie kannte kein Wort Deutsch, traute sich in der ersten Woche nicht aus dem Haus, schaute auf diese neue Welt vorsichtig hinter den Gardinen aus dem Fenster. Zum Glück gab es eine türkische Nachbarin, die sich schon auskannte. Mit ihr traute sie sich dann zum Plus-Geschäft, ging mit ihr einkaufen und lernte die wichtigsten Sachen von ihr.

„Alle Nachbarn hier waren freundlich und hilfsbereit. Wir waren ja alle Bergmannsfamilien und Hilfe war hier ganz normal. Auch beim Hausbau sagen wir: ‚Bevor Du ein Haus baust, schau, ob du gute Nachbarn hast.' Und die hatten wir hier, egal ob türkisch oder deutsch."

Ahmet hatte ihr bald eine Arbeit verschaffen können, bei der Glasfaserfabrik, und sie mussten eine Bleibe für Yüksel finden. Auch das war kein Problem. Die deutsche Familie von gegenüber, deren Mann Frührentner war und die selbst vier Kinder hatte, nahm Yüksel tagsüber, wenn beide, sie und ihr Mann, Schicht hatten. Sie guckten, ob Yüksel am Fenster erschien und holten ihn dann herüber.

„Unser Leben war gut. Wenn mein Mann Nachtschicht hatte, musste er tagsüber natürlich ruhig ausschlafen können, das war schwer, denn man musste immer sagen: ‚Ruhig, nicht so laut, Papa schläft!'"

„Er hat immer gesagt", erinnert sich Yüksel, der später auch unter Tage arbeiten ging, „‚unter Tage musst du voll konzentriert sein, sonst passiert schnell etwas. Deshalb musst du vor allem gut ausgeschlafen sein!'"

„Natürlich fehlte mir vieles von dem, was ich von der Türkei gewohnt war, Gemüse, Obst, Lamm. Aber mit ‚Tavuk', Hühnchen, konnte man etwas Gutes kochen. Ein Kollege, der zusätzlich bei der Fruchtbörse arbeiten ging, brachte uns immer kistenweise Obst und Gemüse. So war das in Huckarde, jeder half jedem, denn alle konnten Hilfe gebrauchen."

„Solange die Mädchen noch in der Türkei waren und Yüksel noch nicht zur Schule ging, haben wir viel unternommen. Wir waren an jedem Wochenende oder wenn mein Mann freihatte, unterwegs, im Tierpark, im Westfalenpark, im Fredenbaum zum Minigolf, gingen ins Kino, in die Westfalenhalle. Alles war für mich neu und interessant."

1973 kamen die Mädchen endlich nach. Aufenthaltsprobleme gab es nie, „die Kollegen von der Zeche haben alles immer ohne Probleme arrangieren können".

Danach waren Ayşe und ihr Mann nicht mehr so oft unterwegs, es war teuer und die Älteste war nun schon in der Pubertät, da wollte man aufpassen, dass sie nicht Unsinn machte und später gut zu verheiraten war.

Also blieben sie viel zu Hause. Ayşe hat bis zum Ende bei der Firma gearbeitet.

„Ich wollte gerne arbeiten, nicht nur wegen des Geldes, sondern auch wegen der Kolleginnen und Freundinnen wie Hatice. Das waren für mich die wichtigsten Kontakte – und die Nachbarinnen. Wir waren zu Hause oft zusammen, feierten gemeinsam die Kindergeburtstage und auch den Vierzigsten von Ahmet."

Die ältere Tochter blieb zu Hause, brachte den Kleinen und die kleine Schwester zur Schule, arbeitete im Haushalt und passte auf Yüksel auf, wenn die Mama zur Spätschicht ging. Später haben beide Mädchen ihre Ausbildung nachgeholt, das war Ayşe wichtig, denn auch sie hätte ja gerne mehr gelernt. Die Ältere ist jetzt Busfahrerin bei DSW21 und die Jüngere arbeitet bei der Stadt in einem Museum.

1982 war bei der Glasfaserfirma endgültig Schluss. 1984 ging Yüksel in die Lehre und arbeitete unter Tage auf der Zeche Hansa, später auf Haus Aden. 1985 war der Papa in Rente. Nun konnte endlich daran gedacht werden, im Dorf zu Hause ein Haus zu bauen und „wir konnten nachholen, was wir solange vermisst haben. Zumindest für den Sommer bleiben wir in der Türkei, genießen das gute Wetter und meinen schönen Garten voller Obst, Gemüse und Blumen. Im Winter wohnen wir dann bei Yüksel, der inzwischen in Rente gegangen ist und 2005 ein Haus gekauft hat. So sind wir mit seiner Frau Sevil und den Enkeln wieder mit der ganzen Familie zusammen."

Vorher hatten sie nie daran gedacht, in die Türkei zurückzugehen. Ahmet war beliebt auf der Zeche, sie nannten ihn „Schätzchen" und er arbeite dort gern. Ayşe sagt: „Es ist okay, wie es gelaufen ist. Heute wollen wir im Winter hier sein, die Kinder und Enkel sehen. Außerdem ist das Gesundheitssystem hier besser. Aber jede Reise durch Bulgarien ist für mich wie eine Reise durch unsere Familiengeschichte. Ich musste immer weinen. Manchmal haben wir angehalten und unser Dorf besucht, denn einige Verwandte waren ja dortgeblieben. Aber das Haus ist inzwischen kaputt und es macht mich immer etwas traurig."

Im Prinzip ist es so gekommen, wie der Vater damals beim Abschied schon gesagt hatte: „Wenn ihr einmal in die Fremde geht, werdet ihr nicht zurückkommen." Denn das war auch seine Erfahrung.

Einmal hat sie doch ein schlechtes Erlebnis mit einem Deutschen gehabt. Eines Abends kam sie mit der letzten Bahn nach Hause. Als sie ausstieg, stand plötzlich ein Typ vor ihr mit einem Baseballschläger in der Hand und drohte ihr „Ich schlag Dich tot!" „Ich hab gesagt, ‚Na mach doch!' und laut gelacht. Da ist der schnell wieder abgehauen."

Ayşe, 1951, vor der Ausreise aus Bulgarien, die ganze Familie, Ayşe mit 9 Jahren · Ayşe zweite von rechts unten

Ayşe, 1969, Foto mit Ayses Vater Özcan und Yüksel vor der Ausreise nach Deutschland

Ayşe mit Ahmet, Hochzeit mit 16, 1958

Ayşe, 1969, in Dortmund mit Ahmet und Yüksel in Huckarde

*Ayşe und Ahmet 1971 im bulgarischen Dorf auf der Durchreise zur Türkei,
Ayşe 2. von links mittlere Reihe*

*Ayşe, 1971 Fahrt in die Türkei, auf der Durchreise im Dorf in Bulgarien,
links das verlassene Haus*

Ayşe, 1972, der neue rote VW

*Ayşe, 1971, alle drei auf der Durchreise
in der nächsten größeren Stadt*

*Ayşe, 1974, endlich die Familie zusammen,
Hatice, Yüksel, Hayriye*

Ayşe, 1975, mit Hatice Sarıkaya, beste Freundin und Kollegin bei Schott, Yüksel und Sevgi, Hatices Tochter

Endlich in Deutschland, die Familie komplett – Yüksel, Hatice, Hayriye

1976, im Dorf in den Ferien, Yüksel füttert die Puten

Ayşe, 1978, in der Glasfaserfabrik Schott in Mengede

Ayşe, in der Arbeitspause mit Kolleginnen, im Pausenraum, Hatice und Ayşe zu zweit hinten

Ayşe, 1978, mit den Kolleginnen auf dem Weg hach Hause vor dem Werktor, Hatice, Safiye, Ayşe, Gülsen

Ayşe, 2016, das schöne Haus und Garten im Dorf, endlich!

Den Ruhestand genießen! Es hat sich gelohnt!

SEVGI VE BARIŞ

Sessiz dünya'm seslenecek
Sizler beni anlayınca
Sabret gönlüm yine sabret
Sevmek herşeyi açacak

Dünya hali gelip geçer
İnsanoğlu konup geçer
Ama sevgi unutulmaz
Sen hep seviyorsan eğer

Sanki birşey bekliyorum
Ama nedir bilmiyorum
İnsanlığa, tüm dünya'ya
Sevgi, barış diliyorum

LIEBE UND FRIEDEN

Meine stille Welt wird sich melden
Sobald ihr mich versteht
Sei geduldig mein Herz, sei geduldig
Die Liebe wird alles überwinden

Die Welt ist vergänglich
Der Mensch kommt und geht
Aber die Liebe wird nicht vergessen
Wenn du immer liebst

Es ist so, als wenn ich auf etwas warte
Ich weiß aber nicht, was es ist
Der Menschheit und der ganzen Welt
Wünsche ich Frieden und Liebe

MÜNEVVER KARAOĞLU
2002

BÍRSEN ÇELİKOĞLU

„Wohin hast Du mich gebracht?'

„Ich war ein behütetes Kind und bin sorgenfrei aufgewachsen. Auch Bergbau war mir ein Begriff. Mein Vater war Direktor der Bank eines großen Erzbergbauunternehmens und wir lebten später in Küre, der Erzbergbaustadt im Gebiet Schwarzmeer bei Kastamonou. Aber den Kohleabbau unter Tage kannte ich nicht. Ich war erschrocken, als mein Mann mir im Bergbaumuseum in Bochum seine Arbeitswelt erklärte. Fortan war ich ängstlich und wollte unbedingt genau wissen, wann er nach Hause kommen würde. Bei Frühschicht stand ich mit ihm schon früh vor 5 Uhr auf und wartete wie alle Bergmannsfrauen, ob Steiger oder Hauer, sehnsüchtig am Fenster, wenn die Zeit seiner Rückkehr nahte. Und es war vereinbart, wenn es mal länger dauern würde, dass ich informiert würde. Wenn ich mal wirklich Sorge hatte, dass etwas nicht stimmte, konnte ich beim Anruf auf der Zeche sagen: ‚Bitte geben Sie mir meinen Mann ans Telefon.' Und das haben sie dann gemacht. Erst dann war ich beruhigt."

Birsen ist ein Großstadtkind. Sie wächst als eines von vier Kindern und Älteste im vornehmen Istanbuler Stadtteil ‚Küçük Pazar' in der Nähe des berühmten Bahnhofs Istanbul Sirkeçi auf, wurde verwöhnt und machte sich für ihre Zukunft keine Gedanken. Alle ihre Schritte wurden sorgfältig bedacht, nie ging sie ohne Begleitung aus dem Haus. Die alteingesessene Istanbuler Familie Kartal, sogenannte Eşraf, wohnte in einem großzügigen alten Haus unterhalb des Topkapı Sarayı, mit Hausmädchen, Kindermädchen und allem Komfort. Der Großvater, Jahrgang 1896, war seit der Republik und unter Atatürk Zolldirektor in der Grenzstadt Edirne.

„Das Bild von meinem Großvater ‚Sabri Mustafa' hängt noch heute in der Zollstation. In der Familie erzählt man sich, dass die Leute vor den Cafés in Küçük Pazar aufstanden und den Hut zogen, wenn meine Großmutter vorbeiging. Sie war in Familienkreisen die ‚Hanım Ağa', also die Frau des ‚Großgrundbesitzers'. Die Familie war modern, sie verehrte Kemal Paşa und erzog ihre Kinder in diesem Sinne. Es wird auch erzählt, dass Atatürk, als die Familie einmal mit ihm zusammentraf, meinem Vater, als er klein war, über den Kopf gestreichelt habe."

Birsens Vater war ein Einzelkind, studierte und wurde später Handelsdirektor bei der ETIBANK, der Bank des größten türkischen Erzbergbauunternehmens in Küre, nicht weit von Inebolu. Er heiratete in eine ebenso vornehme ‚Eşraf'-Familie, entfernte Verwandte, allerdings aus Inebolu am Schwarzen Meer. Der Vater von Birsens Mutter war der größte Feinbäcker von Inebolu und hatte einiges Gewicht in der Stadt.

Birsens Eltern, modern, aufgeschlossen, Istanbuler, sorgten bei allen Kindern für eine gute Ausbildung und schickten sie sämtlich auf das damals erste Gymnasium, ‚Lise', von Istanbul. Birsen beendete das ‚Lise'

BİRSEN ÇELİKOĞLU

Geb. Kartal

1957 in Istanbul

Seit 1976 bis 1983 in Deutschland, dann 1992 erneut eingereist

Heute Ahlen/Westfalen

1974 mit einem guten Abitur. Aber sie wusste eigentlich noch nicht, was sie daraus machen sollte, heiraten wollte sie vorerst nicht. Eine Kusine hatte die Polizeischule in Ankara besucht und war Kommissarin geworden.

„Das konnte ich mir für mich auch gut vorstellen. Die hatten so schöne Uniformen! Aber die Eltern wollten mich nicht allein nach Ankara gehen lassen. Ich musste etwas anderes überlegen. Ich dachte dann an die Bank, dort hätte ich auch etwas werden können."

Die Familie wohnte in Küre, da lag das nahe. Aber erst einmal blieb sie zu Hause. In Küre war alles anders. Sie war gewohnt, ins Kino, ins Theater oder tanzen zu gehen, aber in Küre gab es leider nicht das schöne gesellige Leben, wie sie es in Istanbul gewohnt war. Dann kam Recep Çelikoğlu ins Spiel und Birsens Mutter meinte, dass es das Beste für sie sei, ihn und jetzt zu heiraten. Wie die Mutter später gestand, hatte sie so „eine Ahnung". War es „Schicksal"? Birsen und Recep kannten sich eigentlich nicht, aber es gab da merkwürdige Vorabgeschehnisse. Birsens Mutter war bei Receps Geburt dabei und hatte so einfach gesagt: *„Wenn ich mal eine Tochter bekommen sollte, dann soll dieser Junge mein Schwiegersohn werden."*

„Beşik Kertmesi" nennt man das und ist eine alte Tradition: Wenn ein Junge geboren wird, ritzt (kertmek) eine junge Frau eine Kerbe in die Wiege (Beşik) des Neugeborenen und ver-

spricht den Jungen damit einem Mädchen der Zukunft. So kam diese „Vorahnung" zustande, die Receps Schwiegermutter dazu brachte, Birsen auch tatsächlich mit ihm zu verheiraten. Als Birsen elf Jahre alt war und Recep, schon zwanzig, als Student in den Ferien ans Schwarze Meer kam, war er derjenige, der Birsen auf den Armen ins Meer trug und ihr das Schwimmen beibrachte. Sie waren also entfernt verwandt und, ohne es zu wissen „füreinander bestimmt".

Sie sahen sich dann zwei-, dreimal, haben sich unterhalten, aber eigentlich wollte Birsen noch nicht heiraten und zögerte lange. Doch eines Tages in den Sommerferien, Recep war 26 und gerade Ingenieur geworden, kamen die beiden Familien zusammen, um die Heirat zu beschließen. Es war schließlich der Großvater aus Inebolu, der Bäckermeister, dessen Jawort vor allem eingeholt werden musste, der die Sache mit seinem „Ja" besiegelte.

„Warum sollte ich auch nicht diesen hübschen Ingenieur aus Deutschland heiraten?", dachte Birsen am Ende.

Nach einer Woche war Verlobung, in der nächsten die Hochzeit, Birsen war 18 Jahre alt und in der dritten Woche ging das frisch verheiratete Paar mit Receps grünem Opel Ascona auf die Reise nach Deutschland. Was Birsen nicht wusste: Recep hatte noch keine Wohnung, er brachte sie in sein Dachzimmerchen in der Castroper Pestalozzisiedlung, in der er als Kostgänger seit seiner Studienzeit gelebt

hatte. Ihr Blick bedeutete ihm nur: *„Wo bin ich denn gelandet? Wohin hast Du mich gebracht?"* Sie war ganz niedergeschlagen. Erst später bekamen sie eine Wohnung in Castrop, als Verheirateter hatte Recep ein Anrecht auf eine Zechenwohnung.

„Ich war glücklich mit meinem Mann, aber mir fehlte meine Familie. Oft war ich sehr traurig, wenn ich an meine Familie dachte. Wenn ich sie brauchte, war mein Vater und vor allem meine Mutter nicht zu erreichen. Diese Sehnsucht nach meiner Familie war mein Drama in diesen ersten Jahren."

Andererseits war Recep offizieller Übersetzer, oft beim Konsulat in Münster und Essen, er war Vereinsvorsitzender und fast immer war sie mit ihrem Mann dabei, wenn es offizielle Anlässe gab.

„Wir hatten von Anbeginn an viele Freunde und Kollegen, andere türkische und deutsche Familien, die mich unterstützten. Ich war nicht wirklich allein, aber ich liebte meine Familie sehr und die fehlte mir."

Bevor die Kinder kamen, hätte Birsen gern gearbeitet, vielleicht bei einer Bank. Aber wo hätte sie Arbeit finden können? Am Anfang hatte sie noch keinen offiziellen Aufenthalt, Recep hatte sie in der Eile zunächst als Touristin nach Deutschland gebracht und es dauerte, bis alles offiziell wurde. Und was hätte sie schon finden können, ohne anerkanntes Abitur, ohne Deutschkenntnisse? Sie hätte als Arbeiterin gehen müssen wie viel andere. Aber das wollte sie

und auch Recep nicht. Im Nachhinein betrachtet hätte sie vielleicht alles nachholen und sogar studieren können. Aber Recep wollte bei seiner anstrengenden Arbeit ein schönes, warmes Zuhause. Das verstand Birsen gut und sie hatte nicht genug Antrieb, um sich in der fremden Umgebung zurechtzufinden und etwas Neues anzufangen.

Nach zwei Jahren kam das erste Kind, Tarkan, 1978, dann Ende 79 das zweite Kind, eine Tochter, Melike. Jetzt war ihre eigene Familie im Mittelpunkt ihres Denkens. Sollten die Kinder in Deutschland oder in der Türkei aufwachsen? Das war die Frage auch vieler anderer türkischer Eltern. Der dritte, Mustafa, der Kleinste, wurde erst 1987 geboren. Da war Birsen schon mit ihren zwei Kindern in die Türkei zurückgekehrt. 1983 ging sie mit beiden Kindern nach Istanbul zu ihrer Familie, weil eine Entscheidung für die Zukunft der Kinder gefasst werden musste. Tarkan musste mit der Schule beginnen, aber wo? Recep hatte in Istanbul bereits eine Wohnung erworben, Birsen wollte sowieso immer gerne zurückkehren, auch wenn sie gern in Deutschland gelebt hat, wie sie sagt. 1984 hatte auch Recep vor zurückzugehen, Birsen und die Kinder waren bereits aus Deutschland abgemeldet. Es gab damals außerdem die Rückkehrprämie – das war zumindest eine Option. Aber am Ende klappte es doch nicht, Recep war zwischen beiden „Heimaten", Deutschland und der Türkei und den beiden Familien, Istanbul oder Inebolu, hin- und hergerissen.

„Nach Inebolu wollte ich auf keinen Fall, die Schwiegereltern sind sehr streng und konservativ. Recep hat aber große Ehrfurcht vor seinem Vater, er hätte unmöglich in Istanbul bleiben können, ohne diesen schwer zu kränken. Welche Entscheidung er auch immer getroffen hätte, es wäre nicht richtig gewesen. So blieb er in Deutschland. Und ich dachte nur an die Kinder, für sie nur das Beste."

1987 ging Birsen schwanger mit Mustafa und sie kam für die Geburt noch einmal nach Deutschland. Aber wegen der Kinder, die nun beide in Istanbul zur Schule gingen, konnte sie einfach nicht bleiben. Bis 1990 traf ihr Mann keine Entscheidung. Sie lebten zwischen beiden Welten und waren nicht zufrieden.

„Dann schlug das Schicksal noch einmal, nun besonders hart, zu! Mustafa wurde ungewöhnlich krank. Alle Verwandten und Bekannten, die im Medizinbereich arbeiteten, rieten mir, nach Europa zu gehen und dort Hilfe zu suchen. Da war es nun wieder gut, dass Recep noch in Deutschland war. Innerhalb von zwei Tagen hatte Recep alles organisiert, Tickets, Aufenthalt und Termine im Krankenhaus."

Für die beiden Älteren war es zunächst schwierig, im deutschen Schulsystem Anschluss zu finden, sie wurden ein Jahr zurückgesetzt und mussten aufholen. Aber: *„Mustafa wurde gerettet, das verdanken wir*

Deutschland!" Alle Kinder haben außerdem ihren Weg gefunden, Tarkan ist Einzelhandelskaufmann und hat inzwischen eine eigene Familie gegründet. Melike ist Lehrerin und Gastronomin und auch Mustafa hat eine gute Arbeit als Einzelhandelskaufmann. 1982 haben Sie eine Wohnung in Istanbul, 1992 eine Wohnung in Altınoluk an der Ägäis gekauft. Auch das ist für die Kinder, die gern in der Türkei sind.

„Jetzt können wir die Türkei im Sommer genießen, wenn ich mich nicht um meine Eltern kümmern muss. Meine Sehnsucht nach Istanbul und zu meinen Eltern war immer gegenwärtig, es fiel mir ohne sie immer schwer und oft fehlten die richtigen Freunde, um über Probleme zu sprechen. Deshalb habe ich vieles in mich ‚hineinfressen' müssen. Es hat meiner Gesundheit nicht gutgetan. Aber ich habe immer an die Zukunft unserer Kinder gedacht und die großen Sorgen um sie mit Recep geteilt. Nachdem Recep in Rente gegangen war, haben wir ein Haus in Ahlen, wo er die meiste Zeit gearbeitet hat, gekauft, es renoviert und für unsere Bedürfnisse erneuert. Die beiden Jüngsten wohnen bei uns, wir sind eine große Familie, daran erfreue ich mich. Ich bin in einer Frauengruppe aktiv, auch das ist schön. Meine Ruhe aber finde ich, wenn ich mich um unsere Tiere kümmern kann."

Eines Tages kam Recep mit der Idee nach Hause, im Gartengelände hinter dem Haus Hühner anzuschaffen und daraus eine

kleine „türkische Landwirtschaft" zu gestalten.

„Diese Idee fand ich wunderbar und seitdem haben wir ein dreistöckiges ‚Hühnerhaus',

Hühner und einen prächtigen stolzen Hahn. Jeden Tag haben wir mindestens drei frische Eier! Darauf kann ich mich jeden Tag aufs Neue freuen!"

Birsens Großeltern und Urgroßmutter, ca. 30er Jahre

Birsens Eltern, Oğuz und Ferhunde, 1958 in der Istanbuler Wohnung

Birsen mit der Mama am Goldenen Horn, 1959

Birsen am „Tag des Kindes" mit Eltern und Geschwistern 1967, v on links Sabri, Birsen, Osman

Birsen feiert mit den Eltern in Küre, ca.1967

Birsens Geburtstag, mit Papa in Küre, 1968

Birsen mit ihrer Schulfreundin Gönül, Birsen rechts, 1970

Birsens 16. Geburtstag, 1973

Passfoto in der Belediye (Rathaus), 1976

1976, Verlobung in Inebolu

14. Mai 1976, frisch verheiratet auf dem Weg nach Castrop

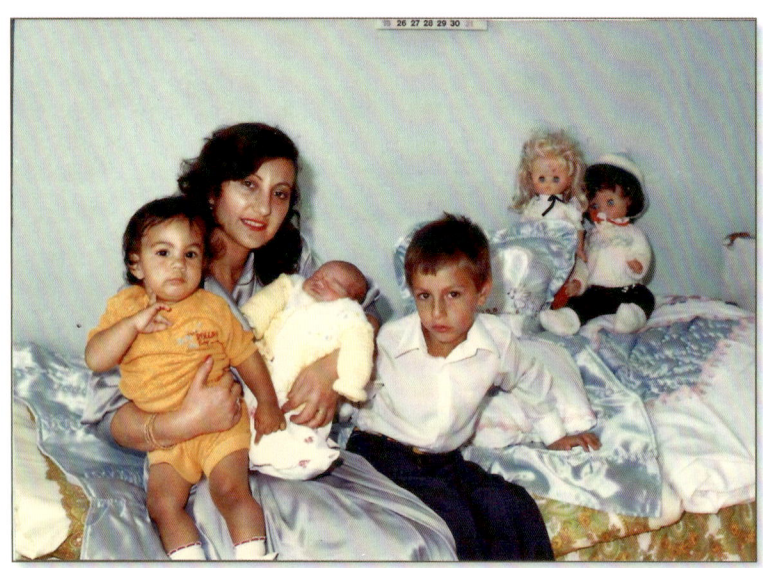

Das erste Kind! Tarkan, 1978, in Bielefeld bei Verwandten mit Cousins und Cousinen

Birsen, Melike, Birsens Schwester Ebru, ihre Mutter und Tarkan, 1982 in Istanbul

Birsen mit Recep und Kindern, Picknick in Antalya, 1989

*Birsen in ihrer Frauengruppe, Ahlen Glückauf Platz 1999,
Birsen die zweite von links*

Hochzeit von Tarkan, 2013, in Berlin Kreuzberg

*Die ganze Familie, Hochzeitsbild 2013, Recep, Tarkan, Sevda, Birsen,
Melike, Mustafa*

ANNE DEMİRCİ

„Jetzt erst recht!"

Anne war mit dem Leben der Bergleute vertraut, sie kam aus der Region. Zwar waren unter der näheren Verwandtschaft keine Bergleute, aber in Castrop hatte man überall Nachbarn, die unter Tage arbeiteten. Als sie einen türkischen Bergmann von der Zeche Erin heiratete, wusste sie also schon, was auf sie zukam.

„Angst hatte man unterschwellig immer, aber man konnte sich ja nicht verrücktmachen, wenn der Mann sich nach der Schicht aus irgendeinem Grund verspätete. Für mich war ein großes Problem vor allem dieser dauernde Schichtwechsel."

Aber hatte sie jemals gedacht, einen türkischen Bergmann zu heiraten?

„Ich war ein Einzelkind. Meine Mutter war geschieden und musste arbeiten gehen, sie war Köchin. Ich war also oft alleine, vor allem abends, denn sie bemühte sich, tagsüber zu Hause zu sein, zu kochen und mich bei den Schularbeiten zu unterstützen. Es machte mir nicht soviel aus, ich bin bis heute gern allein. Und ich weiß mich mit Lesen und Musikhören zu beschäftigen."

Arbeiten musste die Mutter weiterhin, auch als sie erneut einen Arbeiter aus der Reifenvulkanisierfabrik heiratete. *„Die Welt war für mich im Grunde in Ordnung. Nur wenn gefeiert wurde – und in den 50ern wurde viel gefeiert, als ob alle nach dem Krieg etwas nachholen wollten –, da gab es schon mal, wenn einfach alle zuviel getrunken hatten, für mich nichts zu*

lachen. Mutter und Stiefvater stritten sich, schrien sich an und ich zitterte vor Angst, traute mich nicht dazwischen. Bis heute bekomme ich Gänsehaut, wenn ich daran denke. Mein leiblicher Vater hatte den Kontakt zu uns völlig abgebrochen, ich habe ihn nie kennengelernt, war nur ab und zu bei der Oma, seiner Mutter. Auch dort hat er sich nie blicken lassen. Mein Stiefvater war okay, er hat meiner Mutter nicht viel hineingeredet."

Nur wenn es Strafen gab, dann war er schon mal derjenige, der streng mit ihr war.

„Vielleicht hat all das meinen Wunsch nach einer ‚heilen Welt‘, nach Harmonie, geprägt. Ich wünschte mir ein normales Leben, hoffte, eine friedliche, ruhige Familie zu bekommen, mit einem netten Mann und Kindern, die sich nicht fürchten müssten."

Zunächst aber machte Anne das, was alle machten. Sie mochte die Schule nicht besonders, war froh, als es zu Ende war. Und was machten junge Mädchen in den 60ern danach? Sie begann eine Lehre im Einzelhandel. Praktisch veranlagt, wie sie war, gefiel ihr das viel besser, als weiterhin die Schulbank zu drücken. Selbstverständlich gab es dort hin und wieder auch Probleme. Und wenn sie dann zu Hause klagte und sich beschwerte, hieß es nur: „Da musst Du durch! Lehrjahre sind eben keine Herrenjahre!"

„Heute würde ich sagen, ich war ziemlich angepasst, normal also wie alle anderen Mädchen in meiner Umgebung. Mit zwan-

ANNE DEMİRCİ

Geb. Goldmann
1952 in Niederbonsfeld/Hattingen
Heute Castrop/Waltrop

zig musste man verheiratet sein, wer schon auf die dreißig zuging, war ein ,spätes Mädchen'."

Dann kam Hasan und Anne hatte es zu Hause für eine Weile richtig schwer. Sie musste sich plötzlich durchsetzen und tatsächlich um sich und ihre Liebe kämpfen.

„Ich ging in der Mittagspause – damals hatten die Geschäfte zwischen 13 und 15 Uhr zumeist geschlossen – immer gern mit einer Kollegin in die Eisdiele um die Ecke für einen Kaffee oder ein Eis. Außerdem gab es dort andere junge Mädchen und ein paar nette Jungs. Hasan, einer von ihnen, fiel mir auf. Er sah gut aus und war zurückhaltend, immer höflich und nicht solch ein Draufgänger und Aufschneider wie manch anderer. Wir alle kannten den Besitzer der Eisdiele ,Milano' gut und einmal lud er die ganze Bande abends bei sich zu einem Spaghetti-Essen ein. Da haben Hasan und ich uns ein bisschen näher kennengelernt. Und wie das so geht, man sieht sich öfter, spricht zusammen, geht spazieren, trinkt mal einen Kaffee irgendwo oder geht ins Kino."

Ihr war klar, dass es Ärger gäbe, wenn ihre Mutter von der Beziehung erfahren würde. Damals war es nicht selbstverständlich, einen Ausländer nach Hause zu bringen. Sie war erst 16 und hatte einen Türken zum Freund, der selbst noch nicht volljährig war! Aber sie war sich sicher, dass niemand etwas merken würde. Ihre Mutter ging arbeiten, wie sollte sie dahinterkommen? Ein halbes Jahr lang

ging alles gut. Der Winter kam.

„Wir gingen abends gern in eine Gaststätte, die bei uns jungen Leuten beliebte ,50-Pfennig-Bar'. Dann passierte es, eine Kellnerin dort kannte meine Mutter und berichtete ihr brühwarm: ,Weißt du eigentlich, was mit deiner Tochter los ist? Sie geht mit einem Türken!'"

Danach war zu Hause die Hölle los. Statt mit ihr zu reden, gab es jetzt nur noch Verbote. Sie durfte abends nicht mehr hinausgehen. Ihr Stiefvater brachte sie zur Arbeit und holte sie wieder ab. Jeder Schritt wurde kontrolliert. Die Eisdiele in der Mittagspause war verboten. Als sie trotzdem dort hingingen, kam die Mutter eines Tages wütend herein, verabreichte ihr vor versammelter Mannschaft rechts und links Ohrfeigen und zerrte sie auf die Straße.

„Das war ein schrecklicher Moment. Aber es hat überhaupt nichts genützt. Jetzt erst recht! dachte ich trotzig."

Als Hasan seine Lehre beendet hatte, musste er aus dem Pestalozzidorf, in dem er bisher gelebt hatte, ausziehen und nahm sich ein möbliertes Zimmer, wie auch seine anderen Kollegen, die mit ihm 1964 aus der Türkei kamen, um eine Lehre und vielleicht sogar ein Studium zum Bergingenieur zu beginnen. Von jetzt an konnten sie ungestört zusammen sein, wenn sie sich mal davonstehlen konnte.

„Man wird erfinderisch und es gab immer Freundinnen, die mir halfen. Als ich gerade 18 war, geschah das Unvermeidliche, ich wurde schwanger. Wir

hatten damals keine Ahnung von Verhütung und die Pille gab es noch nicht. Die Reaktion meiner Mutter war entsetzlich, kein Mitgefühl, keine Freude auf das Kind. Nur so ein Spruch ,Ich hätte gedacht, so etwas tut meine Tochter nicht', ziemlich gemein. Sie wollte auch nicht helfen, hat sie gleich dazu verkündet."

Aber sie musste die Tatsache akzeptieren und hatte das nun endlich begriffen.

„Ich wollte mit Hasan leben und meine Familie gründen. Nicht zuletzt war ich auch froh, dass mein zukünftiger Mann keinen Alkohol trank. Schließlich musste meine Mutter in die Heirat einwilligen. Man muss sich erinnern, dass wir damals erst mit 21 volljährig waren und ich die Genehmigung meiner Eltern brauchte. Da sie rechtmäßige Alleinerziehende war, reichte es, dass sie ihr Jawort gab. Und so konnten wir 1971 endlich heiraten."

Damit begann das gemeinsame Leben fast nach Wunsch. Die Zeche bot dem jung verheirateten Hasan eine Dreizimmerwohnung an. Deniz kam gesund auf die Welt und das Leben der Familie Demirci nahm seinen ruhigen Lauf. Anne hatte immer Hausfrau und eine Mutter für die Kinder sein wollen, arbeiten wollte sie nur gelegentlich, so geschah es.

Die Nachbarn in der Zechensiedlung waren sämtlich Bergleute – und deutsch, darauf hatten sie beide geachtet. Auch Hasan zog es vor, in deutschem Umfeld zu sein und nicht wie an-

dere Kollegen in mehrheitlich türkisch bewohnten Gebieten zu leben, die es auch in Castrop damals schon gab. Er hatte die Wahl. Trotzdem war das Leben an der Seite ihres Bergmanns nicht einfach. Mit sechs Schichten musste gerechnet werden. Mal begann Hasan um 6, mal um 12, mal um 14, 18 oder 22 Uhr. Das Schlimmste war die Nachtschicht um 24 Uhr. Man hatte noch etwas ferngesehen, wurde müde und dann musste Hasan los.

Aber daran konnte Anne sich gewöhnen, wie alle anderen Bergmannsfrauen. Doch es machte auch Stress. Wenn Hasan tagsüber schlief, mussten die Kinder – die Tochter Sybil kam ein paar Jahre später zur Welt – leise sein und immer hieß es „Pst! Pst! Papa schläft!" Wie viele Abende saß sie allein vor dem Fernseher, obwohl sie doch gern mit Hasan irgendwo hingegangen wäre? Und das änderte sich auch nicht, als Hasan nur noch Frühschicht hatte und zu studieren anfing. Das Studium verlief über drei Jahre in Abendkursen. Auch mit Freundinnen auszugehen war nicht einfach, ein Babysitter war zu teuer und die Mutter wollte ja nicht helfen.

„Aber im Prinzip hatte ich kein Problem mit dem Alleinsein. Ich las, beschäftigte mich und war manchmal auch ganz gern allein. Was aber kein Mann wirklich verstanden hat: Alles, was mit der Familie, den Kindern und dem Haushalt zusammenhing, blieb an mir, der Frau, ,hängen'. Ich hatte für alles die alleinige Sorge und die volle

Verantwortung, ob es der Arztbesuch war, die Schule, der Kindergarten, Versammlungen der Eltern, Reparaturen im Haus – alles habe ich regeln müssen und natürlich auch geregelt."

Hatte sie Angst um ihren Mann unter Tage?

„Anfangs ja, aber normalerweise kam Hasan, als er noch als Hauer arbeitete, pünktlich nach der Schicht nach Hause. Nachdem er seinen Ingenieur gemacht hatte und als Steiger arbeitete, war es allerdings mit der Pünktlichkeit vorbei. Er blieb länger, hatte etwas zu Ende zu bringen, eine Maschine verlangte Reparatur und andere Dinge – da wurde ich schon mal nervös. Aber es hatte ja keinen Sinn, sich dauernd Sorgen zu machen. Also machte ich mir keine und vertraute auf das ‚Glückauf'."

Und wie war nun das Zusammenleben mit einem Mann aus der Türkei?

„Naja, ich dachte schon am Anfang, ich müsste mich auf jeden Fall durchsetzen und nicht unterkriegen lassen, obwohl Hasan überhaupt kein ‚Pascha' war. Aber ich war doch überrascht, als er sich in ‚meine Angelegenheiten', wie ich dachte, einmischte. Möbelkauf? Es musste mir doch gefallen, so war ich das von meiner Mutter gewöhnt, die immer selbstständig war und über alles im Haushalt entschied. Dass wir nun zu zweit entschieden und jeder Kompromisse machen musste, fiel mir anfangs schwer. Wir konnten uns aber zumeist einigen. Wie sollten wir unsere Kinder nen-

nen? Das war schon eine wichtige Frage. Ich wollte nicht auf der Straße nach Ali oder Mehmet rufen müssen. Es sollten schon Namen sein, die anders als deutsch klingen konnten, also auf keinen Fall Willi oder Hans, aber sie sollten auch nicht ganz so fremd klingen, dass ich mich schämen würde. So kamen wir gemeinsam auf Deniz und Sibel."

„Schwierig war es manchmal mit dem Kochen, vor allem solange es keine türkischen Geschäfte gab. Entsprechend hatte meine, die deutsche Küche etwas Vorrang. Manchmal kochte Hasan, was auch immer gelang und mir sehr gut schmeckte. Ich erinnere mich aber an eine wirklich blöde Episode. Ich hatte leckeren Eintopf mit Rippchen oder Schweinebauch gekocht und mir absolut nichts dabei gedacht. Hasan kam nach Hause, ging in die Küche, hob den Deckel vom Kochtopf, schnupperte, nahm den Topf, ging ins WC, kippte den ganzen Inhalt ins Klo, setzte sich wortlos an den Küchentisch und machte sich ein Brot. Das habe ich nie vergessen und auch nie wieder einen solchen Fehler gemacht."

Auch Erziehung war ein Thema, für Hasan war sie, Anne, zu locker, er für Anne zu streng. Aber da sie gemeinsam eine schlechte Erfahrung aus den ersten Jahren ihrer Beziehung hatten, konnten sie sich auch da einigen. „Ein ‚Kulturproblem' hat es zwischen uns nie gegeben."

Die Türkei war ihr selbstverständlich unbekannt und die erste gemeinsame Reise nach Zon-

guldak zu Hasans Eltern verursachte ihr schon etwas Herzklopfen. Sie wusste, dass diese gerne eine türkische Schwiegertochter gehabt hätten. Wie würde das werden?

„Aber ich wurde sehr herzlich empfangen und akzeptiert. Der Vater hatte ja schließlich eingewilligt und in seiner Einwilligung geschrieben ‚Du musst mit ihr leben, nicht ich.' Viele Jahre sind wir regelmäßig dort hingefahren. Später haben wir dann ein Sommerhaus bei Bodrum gekauft und hatten unsere eigene Bleibe in der Türkei. Wunderbar! Endlich sah ich mal etwas anderes von der Türkei und hatte mein eigenes Bad und vor allem ein europäisches WC. In Zonguldak war das WC die größte Herausforderung gewesen. Vor allem beim WC trafen für mich Welten aufeinander."

Kritik an ihr als Schwiegertochter kam erst, als die Schwiegermutter sie für drei Monate besuchte.

„Sie konnte und wollte nicht verstehen, dass ich nicht aufblieb und nicht auch bis zwei Uhr nachts auf ihren Sohn wartete und ihm etwas zu essen machte, sondern einfach wie immer vor 24 Uhr schlafen ging. Sie blieb also wach, auch wenn es ihr schwerfiel und hielt mich für eine schlechte Ehefrau. Erst im dritten Monat gab sie auf und ging endlich wie ich zur normalen Zeit schlafen. Sie hatte eingesehen, dass das bei den verschiedenen Schichten und mit den Kindern einfach nicht anders ging. Aber auch ich verstand und nahm Rücksicht, wenn

wir in der Türkei bei ihr waren. Einmal sollten wir gemeinsam auf den Friedhof gehen und sie gab mir zu verstehen, dass es die Würde des Ortes gebot, ein Kopftuch zu tragen. Das habe ich selbstverständlich getan."

Eine große Herausforderung waren die drei Monate Militärzeit in der Türkei. Drei Monate allein, keine finanzielle Unterstützung, sowohl hier als auch in der Türkei, das war hart. Sie hatten Glück im Unglück, denn diese Regel einer kurzen Militärzeit war neu per Gesetz eingeführt worden. Hasans Generation war die erste, die diese kurze Zeit absolvieren durfte. Zum Glück verdiente Hasan gut und so konnten sie die Zeit mit dem Ersparten überbrücken. Und wenn sich ein gutes Angebot fand, halbtags und was ihr Spaß machte, dann sprach ja auch nichts dagegen, dass sie arbeiten ging und dazuverdiente. Mehrere Jahre zum Beispiel arbeitete sie im Dezember auf dem Weihnachtsmarkt in Dortmund.

Als Hasan in Rente ging, konnten sie endlich auch länger in der Türkei bleiben, ein halbes Jahr zum Beispiel. So verbrachten sie die schönste Jahreszeit von Mai bis Oktober am Meer. Damals waren die Bedingungen leicht.

„Nun haben wir einen Enkel, Nil, und den möchte ich gerne aufwachsen sehen. Hasan unterstützt unseren Sohn, der sich selbstständig gemacht hat, und so führen wir unser Leben hauptsächlich hier und pendeln immer mal wieder in die Türkei, wenn es passt. Es ist für mich schön dort, ich mag das Land und die Menschen. Aber ich hätte mich niemals für ein ganzes Leben in der Türkei entschieden, nie alle Brücken abbrechen können. Mein Türkisch ist ausreichend, wenn auch nicht perfekt, aber dafür habe ich ja immer Hasan an meiner Seite. Jetzt wünsche ich mir, dass wir gesund bleiben, dass wir Freude an unserem Enkel haben und weiterhin das Leben hier und die Ferien in der Türkei genießen können."

Anne 1955, Mitte, beim Ostereiersuchen

Anne und Oma auf Norderney, ca. 1956

Annes Kommunion, 1958

Anne, rechts, 1959, mit ihrer Cousine

Anne, ca. 1964, im Stadtgarten von Castrop

Weihnachten mit Mamas Familie, Mama links, Anne in der Mitte mit Cousins und Onkel und Tante, ca.1961

Anne mit Hasan, 1969

Das heimliche Paar, ca. 1968

Hochzeit 1971, links ihr Stiefvater, rechts ein Freund und Kollege von Hasan

Sommer 1971, erste Reise nach Zonguldak

Anne beim Tanz auf einer Feier von der Zeche, 1972

Das erste Kind Deniz, 1972

Hasan mit Deniz im Garten der ersten Wohnung, 1972

Anne 1975, Urlaub in Zonguldak im Gartenlokal, mit Schwester Belma und Ehemann

Hasan mit Sibel, ca. 1976

Anne im Urlaub in Bodrum, ca. 1990

Anne und Hasan, 2012 in der Türkei

Annes Sommerhaus in Turgutreis

GABI KANAG

„Ich habe eine andere Kultur kennenlernen dürfen und eine neue Großfamilie gewonnen'

„Bergbau und ein Leben in der Zechensiedlung – das liegt sozusagen bei uns in der Familie. Mein Großvater war Hauer, auch mein Vater arbeitete auf der Zeche. Es hatte ihn, der als Dreher im Schiffbau im Nachkriegsdeutschland keine Arbeit fand, ins Ruhrgebiet verschlagen. Allerdings war er von einer Arbeit unter Tage nicht begeistert und fand bald eine andere Tätigkeit über Tage, die ihm mehr zusagte. Meine Herausforderung bestand weniger in der Tatsache, dass ich einen jungen Bergmann heiratete, sondern darin, dass Zeki als Lehrling 1964 aus der Türkei gekommen war und ich mit einer anderen Lebensweise und Kultur konfrontiert war. Ich habe mit großem Interesse eine andere Kultur kennenlernen dürfen und eine neue Großfamilie gewonnen."

Für Gabi lag also gerade darin der Reiz dieser Verbindung.

„Wenn ich zurückdenke, dann war ich seit meiner Schulzeit neugierig auf Fremdes, auf die Geschichte anderer Gesellschaften, anderer Länder. Wenn wir die neuen Schulbücher für das kommende Jahr bekamen, dann habe ich mich in die Ecke gesetzt und gelesen und gelesen. Am liebsten habe ich mich in das Buch zum Geschichtsunterricht vertieft."

Vielleicht hat das schon den Grundstein für ihr späteres Interesse an der Türkei, der Kultur, der Geschichte und ebenso für ihre Liebe zu den Menschen dort gelegt. Dieses Interesse konnte selbst die Strenge zu Hause überdauern, wo der Vater die Schularbeiten mit preußischer Penibilität begutachtete und ihr oft mit seinen Fragen Kopfschmerzen bereitete.

„Meine Kindheit war zunächst schön und glücklich – wir wohnten in der Nähe des Kanals und wir Kinder spielten und vergnügten uns gern am Wasser. Meine Urgroßmutter wohnte nicht weit entfernt auf dem Lande und hatte Schafe, auch etwas Besonderes, und manch kratziger Pullover kam aus ihrer Hand. Meine Oma lebte mit ihrem Mann, der unter Tage arbeitete, in unserer Nähe in einer Zechensiedlung und ich, das erste Enkelkind, wurde verwöhnt und besuchte sie oft."

Überschattet wurden diese Kindheitsjahre durch die Tuberkulose ihrer Mutter, die 1955 ausbrach, eine typische Krankheit der Nachkriegszeit, der Armut, dem Mangel und schlechter Ernährung geschuldet. Die Mutter wurde isoliert im Lungenkrankenhaus in Recklinghausen behandelt.

„Wir Kinder, ich war gerade sechs und mein Bruder noch klein, durften unsere Mutter nicht besuchen, konnten sie nur von der Straße aus am Fenster sehen und unsere Wünsche von Weitem hinüberschicken."

Als sich bei den Kindern in einer Untersuchung herausstellte, dass sie Schatten auf der Lunge hatten, begann eine schreckliche Leidenszeit für sie: „Kinderheim in Bad Godesberg, entsetzlich grausames Pflegepersonal, wir beide auseinandergerissen in getrennten Häu-

GABI KANAG

Geb. Spitzhack
1949 in Datteln

sern, Liegekuren, Medikamente, Lebertran, Hepatitis ging um – es war für uns wie im Gefängnis."

Aber die Fotos zeigen ein lebenslustiges Schulkind, das bei Freizeiten und Ausflügen mit den Freundinnen und Freunden – sie war in einer Klasse mit Jungen, damals noch ungewöhnlich – gern lachte und Spaß hatte. Dann, 1957, verunglückte der Vater mit seinem Roller auf dem Weg von der Arbeit tödlich – ein Schock. Er war jung, kam aus Flensburg nach dem Krieg zum Ruhrbergbau, weil es nur dort feste Arbeit gab, hatte allerdings die Arbeit unter Tage schnell aufgegeben und als Dreher über Tage auf der Zeche Emscher-Lippe Arbeit bekommen. Nun war alles vorbei, die Mutter ging wieder arbeiten. Gabi fand Schutz und Zuflucht bei Oma und Uroma. 1964 war die Schulzeit zu Ende. Ihr Vater hätte sicher gern ihren Wunsch nach weiterer Ausbildung unterstützt, er hatte mit seinen Kindern viel vor, aber nun war nicht einmal mehr genug Geld für irgendwelche Pläne da.

„Ich war immer kreativ, beschäftigte mich mit tausend Dingen und mein Wunsch war, irgendetwas Künstlerisches zu machen. Wir gingen zur Beratung in das örtliche Arbeitsamt und das Einzige, was man dort für mich fand, wäre eine Lehre als ‚Putzmacherin‘ gewesen. Ich hätte also Hüte und anderes Modisches gemacht. Das wäre vielleicht etwas gewesen. Aber dann hatte eine Freundin meiner Mutter von einer Lehre bei einem Rechtsanwaltsbüro gehört und das schien auch nicht schlecht zu sein. Und so begann ich eine Ausbildung zur Rechtsanwalts- und Notarsgehilfin. Das war auch interessant, ich lernte Neues und hatte nette Kollegen. Oft gab es Ausflüge und Feiern mit der Kanzlei, ich wurde selbstbewusst."

1959 heiratete die Mutter erneut. Danach war das Leben nicht mehr wie früher, noch einmal eine unerträgliche Zeit, über die Gabi nicht gern spricht. Die Oma war Trost und Anker. Nach vier Jahren, am Ende von Gabis Lehrzeit, war auch diese Ehe am Ende. Drei Geschwister sind dadurch dazugekommen, der Haushalt wurde nun von den Frauen regiert.

1968 beendete Gabi ihre Ausbildung und fand eine Stelle bei der ‚Katholischen Männerfürsorge‘. Ihr Chef hatte die Verwaltung für das Lehrlingsheim, in dem Zeki während seiner Lehrlingszeit untergebracht war. Wenn die Bewohner Probleme hatten, kamen sie zu ihrem Chef, der ihnen dann half. Da hat Zeki sie kennengelernt. Nachdem er mehrere Male versucht hatte, sie einzuladen, hat sie schließlich einmal zugesagt. Seitdem gingen sie zusammen.

Als Zeki die Lehre beendet hatte, musste er aus dem Ledigenheim ausziehen und begann sein Studium. Da wohnten sie dann zusammen ‚in wilder Ehe‘, wie das damals noch hieß. Im Allgemeinen war das akzeptiert oder sie hat sich nie um irgendein Gerede geschert. Zeki war sympathisch, freundlich und wurde nach ein paar Besuchen zu Hause akzeptiert. Gabis Mutter meinte nur: *„Hast Du Dir das gut überlegt? Jetzt musst du wohl langsam mit deiner Aussteuer beginnen."*

1969 fuhren sie zum ersten Mal in die Türkei mit ihrem ersten eigenen Auto, einem roten Ford 17M. Gabi war für alles offen und gespannt auf die neuen Eindrücke (siehe auch Reisebericht: „Kulturschock einmal anders herum"). Sie fand eine kritische Schwiegermutter, aber auch eine große Familie, die sie freundlichst empfing. Und das ist bis heute so geblieben. Über mehrere Jahre verbrachten sie die Ferien in Zonguldak, Zekis Heimatstadt. Ihre Kinder wuchsen quasi mit den Cousins und Cousinen zusammen auf, sprachen wie Gabi und Zeki Deutsch und Türkisch und fühlten sich von Beginn an als Angehörige einer großen Familie, von der ein Teil in Deutschland und ein anderer in der Türkei zu Hause war und ist.

„Tja, wie habe ich Türkisch gelernt? Ich habe immer gefragt ‚wie heißt dies, wie heißt das?‘ und dann nach der Grammatik gefragt und so langsam wurde mein Sprachschatz immer größer und meine Kommunikation immer besser. Ich wollte doch Zekis Welt kennenlernen, mich interessierte die Kultur, die Sprache, das Land. Da war doch klar, dass ich mich bemühte und es schaffte und dies auch meinen Kindern zu vermitteln suchte."

1971 wurde geheiratet, Zeki wollte sich nicht an die Zeche „verkaufen" und bekam kein Stipendium. Er musste in den Semesterferien arbeiten und Gabi arbeitete ja auch, es ging also. Es war nun einfach günstiger, verheiratet zu sein, allein wegen der Krankenkasse, und sie konnten sich eine größere Wohnung leisten.

„Als wir unsere erste Wohnung als Eheleute suchten, war es doch noch opportun, dass Zeki sich besser nicht einmischte und nicht als Türke erkennbar war. Aber eigentlich haben wir uns nie versteckt oder Probleme gehabt. Eher zufällig bekam ich einmal mit, dass Nachbarn von unten einen unserer Besucher anmachte ‚Ach, sie wollen da oben zu der ‚Türkenhure‘? Aber das war eine Ausnahme. Ich glaube, ich war nicht zu erschüttern in meinem Selbstbewusstsein, dass ich mit meiner Entscheidung für Zeki eine große Bereicherung erfahren hatte."

Sie hatten von Anfang an auch in Datteln viele türkische Freunde, Kollegen von Zeki. Sie feierten zusammen, halfen, wo es nötig war, ohne dass Gabi ihre Freundinnen in Datteln vernachlässigt hätte. Wenn Verwandte aus der Türkei kamen – Zekis Bruder kam später zum Studium – dann waren sie viel mit ihnen unterwegs. Und umgekehrt, in der Türkei gingen sie oft mit zwanzig Verwandten auf Tour, besuchten Efesos oder Bergama an der Ägäis und lebten mit beiden Welten selbstverständlich und problemlos. Nachdem Zeki das Studium abgeschlossen hatte, kamen 1977 Alpay, 1983 Can auf die Welt.

„Unsere beiden Jungen waren immer dabei, liebten ihre türkische Familie ebenso heiß und innig wie ihre deutsche. Wenn im Sommer eines der Kinder aus der Großfamilie Geburtstag hatte, wurde natürlich in großer Runde gemeinsam gefeiert. Wir waren auf jeder Hochzeit, manche Neffen und Nichten waren wie unsere eigenen Kinder. Als wir Ende der 80er den Bau eines Ferienhauses in Kuşadası begannen und jeden Sommer dort waren, war das Haus immer voll. Viele Familienmitglieder aus Zonguldak und anderen Ecken der Türkei besuchten uns. Natürlich wurde türkisch gekocht, türkisch gesprochen, türkisch gefeiert!"

Gabi hat sich einfach mit großer Freude in die neue Kultur gestürzt und alles ausgekostet, was sich ihr bot.

„Mir macht es immer noch Spaß, etwas Neues auszuprobieren, neue Orte zu finden, die geschichtlich etwas bedeuten, und führe meine Familie und meine Freunde gerne dorthin, um sie an dieser Freude teilhaben zu lassen. Das gilt auch für meine deutsche Familie, die uns mehrfach in der Türkei besucht hat."

Das Leben der Familie bestand in Deutschland bis zu Zekis Pensionierung vor allem aus Arbeit. Es war nicht immer einfach, mit allem fertigzuwerden. Die Wechselschichten waren ein Problem. Um zu Beginn richtig Geld zu verdienen, hatte Zeki sich dauerhaft für die Nachtschicht eingetragen. Das bedeutete für ihn, dass es unter Tage ruhiger zuging, denn in den Tag-

schichten war dort Hektik und der Irrsinn los und die Verantwortung machte ihn fast krank. Aber Gabi hatte nach drei Monaten genug. „Immer musste ich die Kinder ruhighalten, weil er schlief. Und wir hatten ja auch nicht mehr viel voneinander."

„Ich war wie alle Bergmannsfrauen viel allein und hatte sowieso alles ohne seine Hilfe zu organisieren. Wenn alles mit der Familie und den Kindern am Ende gut geworden ist, Alpay erfolgreicher Industrieingenieur geworden ist und Can einen guten Job im Marketing einer großen Firma in Frankfurt gefunden hat, dann glaube ich, bin ich diejenige, die die zentrale Stütze war."

Kein Wunder, dass Zeki sagt: „Von der Erziehung der Kinder habe ich nichts mitbekommen." Wie sollte er? Und die Angst um Zeki kam hinzu. Als Reviersteiger konnte er nie pünktlich nach Hause kommen.

„Schlimm war für mich die Zeit, als er täglich mit dem Auto zur Zeche Westerholt nach Gelsenkirchen fahren musste. Der Unfall meines Vaters war immer noch in meinen Knochen."

Und was blieb für das Eigene? Das Kreative, das ihr in der Jugend so wichtig war? Das ergab sich, als sie mit ihrem Bruder in Köln ein Lampenatelier eröffnete – ein hochpreisiges Luxus-Geschäft für Innenraum-Design mit dem Schwerpunkt besonderer Lampenschirme, die ihr Bruder in Handarbeit herstellte. Eine bestimmte Zeit lang war sie fast täglich in Köln, vor allem während des Weih-

nachtsgeschäfts. Das war die Zeit, als Zeki in Pension ging, die Kinder groß genug waren und der Haushalt sie nicht mehr ganz und gar in Anspruch nahm. Zunächst bemalte sie Bilderrahmen, dann kamen Krakelee-Ar-

beiten (eine Art der Malerei, die als besonderen Effekt bewusst Risse in die Oberfläche bringt) und anderes hinzu. Dabei konnte und kann sie bis heute ihren Sinn für guten Geschmack und Schönheit ausleben.

Gabi am Kanal mit 3 Jahren, 1952

Gabi 1952, vor dem Zechenhaus der Oma

Gabi mit Großvater Karl, 1952

Vier Generation, Gabi mit Maria, Maria und Maria, ca. 1953, mit Mutter, Großmutter und Urgroßmutter

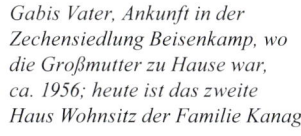

Gabis Vater, Ankunft in der Zechensiedlung Beisenkamp, wo die Großmutter zu Hause war, ca. 1956; heute ist das zweite Haus Wohnsitz der Familie Kanag

Gabi mit den Eltern, 1953

1956, Einschulung

Gabis Kommunion

1960, Schulausflug zum Westfalenpark mit Freundinnen

Schulabschluss, 1964

1965, Sylvester mit Freundin

Am Kanal, ca.1967

1969, auf dem Weg in die Türkei, erster Besuch bei den Schwiegereltern

Gabi, 1970, in der eigenen Wohnung

1971, Hochzeit, das Paar mit Trauzeugen, Freunden und Geschwistern vor dem Standesamt

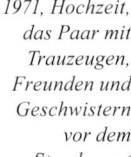

1972, mit Freundin Asuman in Datteln

1972, Geburtstag von Alpay, mit Cousins und Cousinen

*1989, Hochzeit des Schwagers in der Türkei,
Gabi und Zeki rechts*

*1992, „Besichtigung" Zeche
Roberts*

*Hausbau in Kuşadası, Gabi
ganz in Weiß mit Kindern und
Nichten*

*Ca. 1992, Ausflug der Großfamilie
nach Efesos*

MÜNEVVER KARAOĞLU

„Mein ‚JA' änderte auf einen Schlag alles"

„Kurz nach meiner Heirat kam ich nach Dortmund als Frau eines Bergingenieurs. Vom Bergbau hatte ich eigentlich keine Ahnung, nur das, was man schon in der Türkei gehört hatte. Aber Murtaza, mein Mann, hat viel erzählt, mal gab es auch etwas im Fernsehen. Aber es interessierte mich und ich drang darauf, dass ich einmal in die Grube fahren könnte. Viel später, 1985, war es dann möglich und wir sind mit ein paar anderen Bergmannsfrauen eingefahren. Natürlich mussten wir unterschreiben, dass wir es auf eigene Gefahr täten, denn die Fahrt sollte mitten im Betriebsablauf geschehen. Schon unten und danach erst recht war ich sehr traurig. Ich habe dort unten geweint und war unheimlich erschrocken über das, was ich da sah. Die Männer, die ich über Tage als nette frohe Menschen kannte, waren plötzlich keine Menschen mehr, nur Arbeitstiere, abhängig von gefährlichen Maschinen, krochen in Staub, Lärm und Dreck dort unten für die Kohle in gebückter Stellung, unvorstellbar. Danach habe ich jeden Pfennig wertgeschätzt, den wir ausgaben, weil ich wusste, wie teuer der erarbeitet worden war. Von Anfang an war Angst mein ständiger Begleiter. Als Frau eines Mannes unter Tage, ob als Hauer, Steiger oder Elektriker, hast du immer Angst, wartest gebannt darauf, dass er nach Hause kommt. Es drückt auf die Seele, ein Druck, den ich bis heute spüre."

Münevver kam aus der Region Ankara, war ein Stadtkind.

Ihre Heimatstadt Çorum war eine große Kreisstadt, es gab Kino, Theater, Konzerte, Krankenhaus… und alle Schulformen. Münevver ist als ein Stadtkind aufgewachsen. Ihr Vater war seit 1965 in Deutschland, zunächst in Nürnberg als Arbeiter bei einer Baufirma, ging 1972 nach Mainburg, Kreis Kelheim, wo schon seine älteren und jüngeren Brüder Arbeit gefunden hatten, denn die gab es damals reichlich. 1977 hat er bei BMW in München angefangen, 1997 wurde er Rentner. Er kam nur zu den Sommerferien fünf bis sechs Wochen nach Hause in die Türkei. Er brachte immer schöne Kleider und Sachen zum Anziehen mit und vor allem Spielsachen für die Kinder. Das war für Münevver Deutschland, dort gab es Arbeit und schöne Dinge.

Sie waren drei Mädchen und drei Jungen, der älteste Bruder, Garib, war aus erster Ehe und nicht immer bei ihnen, denn er lebte zumeist bei seinem Vater. Er war ihr Lieblingsbruder. Sie war die Zweite nach ihrer großen Schwester und, wie sie sich heute erinnert, wohl die Lieblingstochter ihrer Mutter. Auf jeden Fall hatten sie ein sehr enges, vertrautes Verhältnis. Sie war wie eine Schwester für Münevver. Immer wenn die Mama traurig war, konnte auch sie nicht fröhlich sein, auch wenn sie keine Ahnung hatte, warum das so war. Heute denkt sie, dass ihre Mutter wegen des Alleinseins oft traurig war, obwohl sie sie als starke Frau in Erinnerung und niemals Klagen von ihr gehört

MÜNEVVER KARAOĞLU

Geb. Çay

1957 in Çorum,
Provinzhauptstadt, Schwarzmeerregion, Türkei

Seit 1973 in Deutschland

Heute Bergkamen

hat. Sie nahm praktisch die Rolle von beiden ein, sie war Vater und Mutter, liebevoll zu Hause, konnte aber auch streng wie ein Vater sein.

„Immerhin tat sie ihr Mögliches für uns sechs Kinder und bescherte uns eine sorgenfreie und glückliche Kindheit und Jugend."

Sie war eine unabhängige Frau, die von allen geachtet wurde. Sie war Lehrerin für Kinder, die das Lesen des Koran in arabischer Sprache lernen sollten. Außerdem bereitete sie die Beerdigung von Frauen vor, indem sie die Waschung vornahm. Sie war beliebt und geachtet. Damit verdiente sie auch ein wenig Geld für sich.

„Ich hatte eine schöne Jugend. Ich wurde wie die anderen Kinder von vielen Onkeln und Tanten verwöhnt, beachtet und geschützt. Wir waren eine große Familie, trafen uns oft zum gemeinsamen Essen, saßen zusammen, schwatzten, sangen und lachten. Wir hatten einen Garten, in dem ich mit den anderen Kindern, Neffen und Nichten spielen und herumtollen konnte."

Münevver ging auf die Realschule, war sensibel und etwas schüchtern, blieb gern zu Hause, las Bücher, hörte Musik, malte und schrieb Romane. Nur konnte sie nie wirklich etwas zu Ende schreiben, weil die Geschichten immer traurig endeten und „dann habe ich die Texte lieber zerrissen und konnte sie nicht zu Ende schreiben. Aber ich stellte mir immer vor, dass ich einmal eine Romanschriftstellerin oder

Malerin werden würde. Ich wollte auf jeden Fall studieren."

Als es soweit war, nach dem Ende der Realschule, hätte sie gern eine Kunstschule besucht. Aber das war unmöglich. Sie hätte in eine größere Stadt, vielleicht nach Ankara, umziehen müssen. „Niemand würde auf Dich aufpassen", so ihre Mutter. Sie fand tausend Gründe, warum das nicht ginge, vor allem „weil der Papa nicht hier ist und ich mich selbst der Verantwortung für ein junges Mädchen in der Fremde nicht gewachsen fühle".

Die Sehnsucht ist geblieben, bis heute, und auch ein wenig Traurigkeit und Melancholie – „vielleicht ist alles so gekommen wegen der Abwesenheit des Papas".

Sie ging dann auf eine staatliche Kunstgewerbeschule für Mädchen und lernte das kunstvolle, traditionelle Sticken mit Silberfäden, nähen und häkeln. Es war eine Werkkunstschule für das Textilhandwerk. Sie fühlte sich allein, hatte nur wenig Freundinnen, ging nicht gern aus, las lieber und traf sich nur mit den engsten Freundinnen zum Spazierengehen oder zu Hause. Sie dachte mit ihren 17 Jahren weder ans Heiraten noch an irgendetwas anderes.

Dann kam das Angebot zur Heirat mit Murtaza.

„Ich wollte zuerst gar nicht, ich hatte doch noch etwas vor, war jung und in der Ausbildung. Die Mama hat mich unterstützt, aber mein Bruder, der inzwischen auch in Deutschland in Dortmund Arbeit gefunden hatte, Papa, die Onkel in Deutsch-

land und auch die anderen in Çorum waren der Meinung, dass die Heirat das Beste für mich sei."

Murtaza war ein Freund von Garib und hatte sich auf einem Foto in sie verliebt und wollte sie unbedingt heiraten. „Die Schwester eines Freundes, das ist doch die beste Garantie, dass das eine gute Wahl ist." Er schickte Fotos, schrieb Briefe, aber sie wollte zunächst nichts von Heirat wissen und hat viel, viel geweint.

„Aber ich liebte Garib, habe ihm vertraut und mich dreingeschickt und schließlich der Verlobung zugestimmt." Und dann, vielleicht nach sechs Monaten Hin und Her, im Oktober 1973, sie wurde gerade erst 18 Jahre alt, hatte der Vater Urlaub genommen, Murtaza davon überzeugt, dass man endlich heiraten sollte und beide kamen nach Çorum, um alles zu arrangieren. „Und dann ging alles rasend schnell, ich war verheiratet und fuhr mit Papa und Murtaza, den ich doch noch kaum kannte, nach Deutschland."

„Wir zogen im November 1973 in eine kleine Wohnung in der alten Siedlung Dortmund-Scharnhorst unterm Dach, alles war grau, kein Garten, kalt. Nach ein paar Tagen musste Murtaza wieder zur Arbeit in die Zeche Haus Aden gehen, im Schichtbetrieb. Ich war allein, kannte kein Wort Deutsch, wusste nicht, wo ich war, hatte keine Ahnung vom Leben hier, keine Erfahrung mit einem eigenen Haushalt und musste sehen, wie ich zurechtkam. Das

Schlimmste war, dass ich auch niemand Vertrautes hatte. Meine Mutter fehlte mir, Telefon gab es damals nicht, Briefe dauerten Wochen. Nur ihr konnte ich mein ganzes Unglück ausbreiten. Garib kam anfangs noch ein paarmal vorbei, aber er wohnte weiter weg in Eving und konnte nicht so oft kommen. Alles war ein Problem: einkaufen, die Nachbarn ansprechen, wenn ich Hilfe brauchte, überhaupt die Wohnung zu verlassen und nach draußen zu gehen. Anfangs bin ich nur wenige Schritte nach rechts, dann nach links gegangen, um langsam meine Umgebung zu erkunden. Ich hatte immer Angst, ich könnte den Weg zurück nicht finden, schließlich hätte ich niemandem verständlich machen können, wo ich wohnte."

Problem Einkaufen: „Wenn Murtaza zwischen den Schichten Zeit fand, kaufte er ein, was wir brauchten. Sonst schrieb er mir Zettel, auf denen stand z.B. ,1 Kassler Brot', oder ,1 Kilo Hackfleisch', den ich dem Verkäufer des kleinen Lebensmittelladens übergab und der dann alles einpackte und mir die Zahl fürs Geld aufschrieb."

Dann gab es vieles nicht, das sie kannte und mit dem sie kochen konnte: Paprika, Auberginen, „immer nur Kohl". Als sie schwanger wurde, konnte sie ohne Oliven nicht leben, es musste etwas gefunden werden. Im Kaufhof gab es nur kleine Gläschen mit ein paar Oliven für wirklich viel Geld – das konnte nicht sein. Endlich entdeckten sie ein griechisches Geschäft in der Nordstadt und es ging ihr seitdem rundum besser.

Problem Sprache: *„Damals gab es keine Kurse für uns Frauen. Murtaza war mein Lehrer. Er schrieb mir notwendige Worte in Türkisch und Deutsch auf, ganze Sätze, die ich wiederholen sollte, Aufgaben wie Beschreibungen dessen, was ich sah. ,Hier steht der Schrank, vorne der Tisch, wir haben fünf Stühle' und ähnliche Dinge. Als ich ein Lexikon hatte, ging alles schon etwas besser, das hatte ich dann immer in der Tasche. Die Nachbarn waren nett und auch mit ihnen versuchte ich mich zu verständigen. Eigentlich weiß ich bis heute nicht, wie ich es geschafft habe, mich da herauszukämpfen und langsam Fuß zu fassen. Arbeiten konnte ich auch nicht, um andere Menschen kennenzulernen und das Alleinsein zu überwinden, denn damals war die Bedingung, soweit ich mich erinnere, fünf Jahre Aufenthalt – den hatte ich ja nicht. Später zogen Freunde und ein paar Kollegen in unsere Nähe und ich hatte endlich Kontakt zu anderen Menschen, zu Landsleuten ebenso wie zu Deutschen. Als wir endlich einen Fernseher hatten, wurde die Sendung ,Ihre Heimat – Unsere Heimat' mein wichtigstes Band zur Heimat. Einmal pro Woche zehn Minuten türkische Nachrichten und Musik – das verpasste ich nie. Da musste ich zu Hause sein."*

1975 kam das erste Kind, ein Sohn, Devrim. Keine leichte Sache. Keine Frau der Familie neben sich, Murtaza bei der Arbeit, Mittagschicht, keine Ahnung, was zu tun war, und dann kamen die Wehen und die Geburt kündigte sich dringend an. Zufällig kam die Nachbarin vorbei. Auch wenn sie sich kaum verständigen konnten und diese auch nicht helfen konnte, wartete sie mit ihr, bis Murtaza endlich nach Hause kam. Sofort fuhr er sie zum Johannes-Krankenhaus, es gab Komplikationen und nur noch mit Kaiserschnitt konnte der Junge in die Welt geholt werden. Nun hatte sie eine neue Aufgabe, aber auch die musste sie im Wesentlichen allein schaffen. 1976 gab es eine erfreuliche Unterbrechung. Murtaza hatte wie seine Kollegen als Student im Ausland die Chance erhalten, seinen Militärdienst auf vier Monate verkürzt in Ankara abzuleisten.

„Das war für mich eine große Freude: Fünf Monate lang konnte ich mit Devrim in Çorum bei meiner Mutter sein. Murtaza kam an jedem Wochenende aus Ankara herüber. Eine schöne Zeit. Aber ich vermisste meine Familie danach noch viel mehr."

1977 zogen sie nach Bergkamen, das hieß, man war auf dem Lande, die Großstadt war nicht mehr leicht zu erreichen. 1979 machte Münevver ihren Führerschein und war endlich etwas unabhängiger. Es ging nun nicht mehr nur um den Haushalt, sondern um Arzttermine, Kindergarten, Versammlungen und später die Schule mit Elternabenden... Sie hatten aber nur ein Auto. Das hieß bei Frühschicht: Früh vor fünf Uhr aufstehen, Murtaza zur Arbeit bringen, dann die Kinder wecken, zum Kindergarten bringen und den Tag beginnen, später Murtaza wieder abholen. 1981 kam der zweite Sohn, Kerim, auf die Welt.

In Bergkamen gab es neue Bekannte, Kollegen und Freunde und Arbeit genug mit den zwei Kindern und später dem dritten Kind, einer Tochter, Seda. An irgendeine berufliche Arbeit oder Ausbildung war nicht mehr zu denken. Münevver blieb in vielem auf sich gestellt, musste alles lernen und bewältigen. Ihr Mann war in verantwortlicher Position, hatte Schichtbetrieb und konnte als Steiger eigentlich nie pünktlich nach Hause kommen. Immer musste noch irgendetwas fertig werden. Zusätzlich war er in der Grubenwehr aktiv und wurde oft zu ungewöhnlichen und gefährlichen Einsätzen gerufen. Zwei-, dreimal gab es ein Unglück, die Angst war nicht übertrieben. Vom großen Unglück in Grimberg hat sie im Urlaub gehört – und sie wusste, dass Murtaza mit der Grubenwehr an Rettungsversuchen beteiligt sein würde.

Ein drittes Kind wollte sie eigentlich nicht, hatte zwei Kaiserschnitte hinter sich und war außerdem viel krank. Als sich die dritte Schwangerschaft ankündigte, war sie für alles zu schwach, selbst für den empfohlenen Abbruch, und lag dann fünf Monate im Krankenhaus, bis das Kind geboren wurde. Aber heute dankt sie den Ärzten und ist so stolz auf ihre Tochter Seda. Die Kinder sind alle mit Musik aufgewachsen, Ballett, Geige, Saz, Schlagzeug, Gitarre – um alles hat sie sich gekümmert und alle haben etwas lernen können, das ihnen bis heute Spaß macht. Überhaupt wollte sie ihren Kindern jede Chance geben, ihre Talente und Wünsche umzusetzen.

„Vielleicht ist es so, dass ich wegen meiner eigenen Erfahrung als junges Mädchen ihnen auf keinen Fall Druck machen wollte, dass sie keinen Zwang erfahren sollten. Zum Beispiel wollte Murtaza unbedingt, dass sein Ältester einmal ein echter Ingenieur werden sollte wie er, am besten Elektroingenieur. Er hat ihn gedrängt und er musste sich an der Uni dafür anmelden. Ich habe Devrim aber sehr darin unterstützt, das zu machen, was ihn wirklich interessierte, und das war der Beruf eines Toningenieurs. Erst als er sein sehr gutes Zeugnis in der Tasche hatte, wurde dem Papa die Wahrheit erzählt. Heute sind wir alle, auch Murtaza, stolz auf ihn, der in seinem Beruf Spitzenklasse ist, fast zehn Jahre in Istanbul gearbeitet hat und nun in Los Angeles eine große Karriere erlebt. Und ebenso ist es mit den anderen Kindern gegangen. Kerim hat sich für elektronische Musik entschieden, Komposition am ICEM, dem Institut für Computermusik und Elektronische Medien, an der Folkwang Universität der Künste in Essen studiert und arbeitet als freischaffender Komponist und Sound Designer in Berlin. Seda studiert Fotografie, ebenfalls an der Folkwang Universität, und steht kurz vor dem Examen."

Schaut sie zurück, so waren der Anfang 1973 und die ersten Jahre in Deutschland für Münevver eine harte Probe und die schwerste Zeit. Sie war ein Stadtkind und lebte quasi auf dem Dorf. Niemals hatte sie vorher gedacht, ins Ausland zu gehen, auch wenn ihr Deutschland nicht wirklich fremd war, sie wusste ja einiges durch den Papa über dieses ferne Land. Einen Kulturschock kann sie nicht erinnern, sie war und blieb aufgeschlossen für Neues und verbindet bis heute die beiden Lebenserfahrungen. 1980 haben sie ihre erste Ferienwohnung in der Türkei gekauft. Seit sie ein Haus in Marmaris haben, genießt sie die Türkei in der warmen Ferienzeit und freut sich auf Deutschland, das ihr nun über 40 Jahre vertraut und Heimat geworden ist. Einsamkeit, Alleinsein, sprachlos sein, und die Angst um den Mann unter Tage, das machte damals den Druck im tiefen Inneren aus, der sie bis heute nicht verlässt.

Nichts wusste sie aber über die Lebensbedingungen an der Seite eines Mannes im Bergbau und dass sie das Familienleben im Großen und Ganzen alleine steuern musste. Nicht einmal Ferien konnten sie gemeinsam machen. Sie fuhr oft allein mit den kleinen Kindern in die Türkei zu Oma und Opa und ihr Mann kam nur für kurze Zeit dazu. Da es ihr schwerfiel, so ganz ohne eigene Familie zu sein, hatten sie, auch Murtaza, ihren Vater schließlich überzeugt, dass er eine Entscheidung treffen müsse: am besten, die Mutter und die übrigen Kinder nach Deutschland, zu sich nach München zu holen. So geschah es und endlich wusste sie ihre Mutter und die kleinen Geschwister in ihrer Nähe, konnte sie besuchen, sie zu sich nach Bergkamen holen und ihre Sorgen mit ihr zumindest am Telefon besprechen.

Um ihrer Seele den Druck zu nehmen, ihre Gedanken zu ordnen und ihren Gefühlen Ausdruck zu verleihen, begann sie hin und wieder zu schreiben: Aphorismen, Gedankensplitter. Davon gibt es viele Niederschriften, in Türkisch, fein mit der Hand in einem Heftchen aufgeschrieben.

„Ich weiß nicht, was mich da jedesmal bewegte, diese Verse kamen einfach und ich musste sie niederschreiben. Sie haben mir geholfen, mich auf mich zu besinnen, meinen Ängsten und Sorgen Luft zu machen und über die Umstände, die mich umgaben, nachzudenken, zu formen und sie aufzuschreiben."

In den 80er-Jahren wurde ihr das Leben leichter. Sie fand sich zurecht, konnte genügend Deutsch, wurde selbstbewusst, ging aus sich heraus. Sie ging zum Sport, traf sich mit andern in einer Frauengruppe der AWO, einmal im Monat in einer deutsch-türkischen Freundschaftsgesellschaft und war auch politisch aktiv wie ihr Mann. Inzwischen, seit Murtaza Rentner ist, machen sie vieles zusammen, Tanzen, Chor, Sport. Noch immer steht Musik für sie an erster Stelle. Sie liebt es, zu Hause zu sein, ein Konzert zu hören, ein Buch zu lesen und ihren Gedanken nachzuhängen.

„Ich habe mir immer Mühe gegeben, wollte, dass meine Kinder in Ruhe und ohne Spannungen aufwachsen. Und das habe ich erreicht."

Auch die Kinder lieben ihre beiden Heimaten. „Unser Alltag ist von beidem geprägt, sie lieben ‚Imambayıldı' ebenso wie Gulasch mit Kartoffeln, Möhren und Erbsen. Was ich mir für die Zukunft wünsche? Gesund bleiben, Enkel bekommen und eine glückliche Familie, das ist wichtig. Und den Druck verkleinern, vielleicht schreibe ich doch noch einmal den einen großen Roman."

Münevver, links, 1960, mit Schwester Hatice

Münevver, vorn links, dann Hatice und Bruder Ebru, 1967, in Kostümen

Münevver, 1971, mit ihren Schulfreundinnen, mit Zöpfen

Münevver mit Mama, älterer Schwester und den kleinen Brüdern, ca. 1969

Münevver, 1972

Münevver, 1972, mit der Familie, im Arm hält sie den Sohn ihrer Schwester

Die Braut mit dem Vater, 31.10.1973

Münevver mit Murtaza, 1974, in Scharnhorst

Das Brautpaar mit Münevvers Eltern, 1973

Scharnhorst, 1974

Besuch aus der Türkei, Münevvers Vater links, und andere Verwandte in Scharnhorst, 1974

Münevver mit Devrim, 1976

1980, Urlaub in Marmaris

Münevver mit Murtaza 1984 nach der Grubenfahrt

Die Familie 1984 in Bergkamen

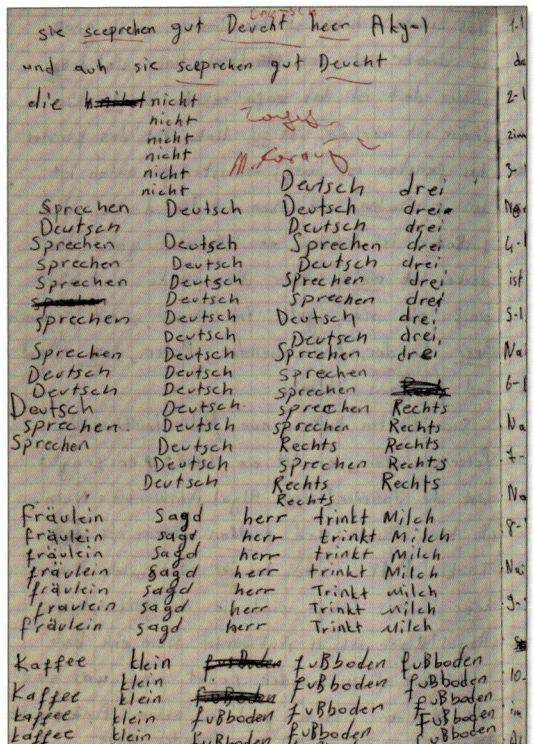

1-Ist hier der Tisch? Ja hier ist der Tisch. Nein hier

der ist nicht Tisch. Aber der tisch ist grau

2-Ist das Zimmer groß? Ja das ist Zimmer groß. Nain das

zimmer ist nicht groß. Aber das zimmer ist klein.

3-Ist der tisch im zimmer? Ja der ist tisch im zimmer.

Nain der Tisch Ist nicht im zimmer. Aber der Tisch ist im zimmer.

4-Ist die Tür Rechts? Ja die Tür is Rechts. Nain die Tür

ist nicht Rechts. Aber die Tür ist links.

5-Ist der Fußboden unten? Ja der ist Fußboden unten.

Nain der Fußboden ist nicht unten. Aber der Fußboden ist oben.

6-Ist die Decke unten? Ja die ist decke unten.

Nain die decke ist nicht unten. sie ist oben.

7-Ist das zimmer klein? Ja das ist zimmer klein.

Nain das zimmer ist nicht klein. Aber das zimmer ist oben.

8-Ist das fenster Rechts? Ja das ist fenster Rechts.

Nain das fenster ist nicht Rechts. Aber das fenster ist links.

9-Sind sie Wände Weiß? Ja sind sie wände weiß. Nain

Wände sie sind gelb

10-Sind vier Personen im zimmer? Ja vier Personen sind

im zimmer. Nain Vier Personen sind nicht im zimmer.

Aber Fünf Personen sind im zimmer

Münevvers Übungsheft, 1973

sie secprechen gut Deucht heer Akyal

und auch sie secprechen gut Deucht

die nicht

nicht
nicht
nicht
nicht

M.Farouy

		Deutsch	drei
Sprechen	Deutsch	Deutsch	drei
Deutsch		Deutsch	drei
Sprechen	Deutsch	Deutsch	drei
Sprechen	Deutsch	Deutsch	drei
Sprechen	Deutsch	Sprechen	drei
	Deutsch	Sprechen	drei
sprechen	Deutsch	Deutsch	drei
	Deutsch	Deutsch	drei
Sprechen	Deutsch	Sprechen	drei
Deutsch	Deutsch	Sprechen	
Deutsch	Deutsch	Sprechen	Rechts
Deutsch	Deutsch	Sprechen	Rechts
Sprechen	Deutsch	sprechen	Rechts
Sprechen	Deutsch	Rechts	Rechts
	Deutsch	Sprechen	Rechts
	Deutsch	Rechts	Rechts
	Deutsch	Rechts	

fräulein	sagd	herr	trinkt Milch
fräulein	sagd	herr	trinkt Milch
fräulein	sagd	herr	trinkt Milch
fräulein	sagd	herr	teinkt Milch
fräulein	sagd	herr	Trinkt Milch
fräulein	sagd	herr	Trinkt Milch
fräulein	sagd	herr	Trinkt Milch

Kaffee	klein	fußboden	fußboden fußboden
Kaffee	klein		fußboden fußboden
kaffee	klein	Fußboden	fußboden fußboden
kaffee	klein	Fußboden	fußboden fußboden
	klein	Fußboden	fußboden

Münevvers Vokabelheft mit Korrekturen in Rot von
„Lehrer Murtaza"

Die Familie 1992 in Bergkamen, mit Seda komplett

Münevver mit Seda, 1996

EMİNE MAVİLİ

„Ohne Gesellschaft und Geselligkeit kann ich nicht leben, die musste ich mir in Deutschland erst erkämpfen‘

*„Ich hatte mich für einen In-
genieur in Deutschland entschieden. Meine Träume verban-
den sich mit einem modernen
Europa. Als ich vor einem alten
Haus in Dortmund-Deusen
stand, war ich enttäuscht, dass
die Realität anders aussah als
meine Vorstellungen von einem
Deutschland. Das ist Deutschland? Wohin war ich hier gekommen? Bergwerke waren mir
bekannt durch die türkischen
Zeitungen. Allerdings hat es bei
mir sehr lange gedauert, bis ich
mich daran gewöhnt hatte, dass
mein Mann im Schichtwechsel
unter Tage arbeiten ging."*

Emines Leben in der Türkei
war so völlig anders gewesen!
Sie kam aus einer Provinzstadt
namens Kırşehir, wo Emine ein
sehr sozialgebundenes Leben
führte. Ihre Familie war sehr gut
situiert, gehörte zur vornehmen
städtischen Gesellschaft, die
Männer waren seit ewigen Zeiten Beamte oder beim Militär.

Ihr Vater, Herr Hasan Örnekoğlu, arbeitete als Beamter ver-
antwortlich für die gesamte Organisation und Finanzierung des
staatlichen Krankenhauses in
Kırşehir. Emine kannte ihren
Vater als eine Autoritätsperson,
der für eine gute Bildung seiner
fünf Kinder sorgte. Emine ab-
solvierte nach dem Ende der
Mittelschule eine Ausbildung
für osmanische Handarbeit an
einer Kunstgewerbeschule für
Mädchen.

Emines Familie bewohnte ein
wunderschönes Haus mit einem
sehr großen Garten, das ihr
Großvater gebaut hatte. Das
Schönste an diesem Haus war

der Garten. Obstplantagen, Ge-
müsebeete, wundersame Pflan-
zen und Blumen erstreckten sich
darüber.

Es duftete überall, es roch
nach Obst und frischem Brot.
Emines Kinder wollten in den
großen Sommerferien nie gern
ans Meer fahren. Der Pflanzen-
dschungel und die Obstbäume
waren für sie Heimat, Türkei,
der ideale Ort zum Spielen und
mit den Cousins Spaß zu haben.
Das Haus mit dem großen Garten war im Sommer das Zentrum
aller Familienmitglieder.

Im Herbst 1974 heiratete
Emine den Nachbarssohn Mahmut, der seit zehn Jahren in
Deutschland lebte und als Ingenieur berufstätig war. Die in
Anatolien lebende Emine stellte
sich Dortmund als eine sehr moderne Stadt vor. Doch die Realität überholte ihre Vorstellung
von einem modernen Deutschland sehr schnell! Kann man
sich ihren Schock bei der Ankunft in Dortmund überhaupt
vorstellen?

*„Am schlimmsten war für
mich das Alleinsein. Ich war ge-
sellig, Gesellschaft um mich herum gewöhnt, und plötzlich saß
ich da ohne Deutschkenntnisse
und auch fast ohne Nachbarn.
Mahmut ging zur Schicht, im
Wechsel, mal spät mal früher –
was war das für ein Leben in
Deutschland? Ich fühlte mich
eingesperrt, wie in einem Gefängnis."*

Mahmut gab sich große
Mühe, um Emine glücklich zu
machen. Er ging mit ihr aus, ins
Kino, machte Spaziergänge und
führte sie zum Essen, wann im-

EMİNE MAVİLİ

Geb. Örnekoğlu

1955 in Kırşehir, Provinzhauptstadt Mittelanatolien

Seit 1974 in Dortmund

mer er Zeit hatte. Aber fast nichts konnte sie trösten.

„An einem der ersten Wochenenden wollte mein Mann mir eine Freude machen und wir gingen zum Fredenbaumpark. Es war Herbst, es regnete, alles war dunkel, die Bäume hatten keine Blätter mehr, jemand fegte die Blätter auf und ich schluchzte nur: ‚Ich will keine kahlen Bäume sehen, ich möchte Menschen um mich!'"

Diese ersten Jahre waren eine harte Prüfung für Emine. Jeden Tag wartete sie auf Post, lief hinunter zur Tür und fragte den Postboten, ob nicht für sie etwas dabei sei. Jeden Tag: *„Leider nein."* Alle zwei Wochen vielleicht kam etwas und in beiden Richtungen ging es fast nur um ihre Traurigkeit. Das allein war es nicht, es fehlte auch beim Obst, beim Gemüse, an allem, was ihr lieb war und zu einem guten Leben dazugehörte. *„Her şey"* – *„einfach alles"* fehlte, sagt sie heute lachend, aber damals war ihr nicht zum Lachen zumute. Sie war zu Hause die Chefin, aber die Möglichkeiten, in Dortmund einen guten türkischen Haushalt zu führen, waren einfach beschränkt.

Als sie sechs Jahre später in Dortmund-Huckarde wohnten, erkannte der Postbote sie gleich wieder, der inzwischen dort die Post austrug. Zu der Zeit ging es ihr schon besser, es gab Telefon, sie konnte mit den Eltern sprechen.

1975 kamen die Zwillinge Gonca, ein Mädchen, und Kubilay, ein Junge, auf die Welt. Sie hatte zu tun, Mahmut half, wo er

konnte. Er ist ein sehr guter Ehemann und Familienvater. Jeden Sonntag holte er Kuchen, ging mit ihr ins Kino, brachte Blumen und Geschenke. Zu den großen Feiertagen wie Ostern oder Weihnachten besuchten sich die Tanten, die auch in Deutschland lebten, reihum. An jedem Wochenende besuchten sie Freunde. Nur langsam gab es Gesellschaft in ihrer Umgebung, neue Freundinnen, die so lebenswichtig für Emine waren.

„Die Mädels", wie ihre Tochter heute sagt, trafen sich abwechselnd bei der einen oder anderen und schufen für sich eine schöne Atmosphäre, halfen einander, redeten über alles und tranken Tee. Gemeinsam mit ihren Freundinnen sah sich Emine amerikanische Serien an. So lernten sie alle nebenbei Deutsch, auch durch WDR Köln „Radiyosu" und die Sendung „Ihre Heimat, unsere Heimat" im WDR-Radio.

1982 machte Emine ihren Führerschein, organisierte alles, was die Kinder betraf, besserte mit ihnen zusammen ihr Deutsch auf und hat am Ende auch alles geschafft. Die Kinder wuchsen in netter Nachbarschaft auf. Im Prinzip waren die Nachbarn fast alle Bergleute und unter ihnen herrschte Solidarität und Hilfe, auch zwischen den deutschen und den türkischen Familien.

Das Schönste und Spannendste für alle aber waren die Familienreisen in den großen Ferien nach Hause in die Türkei zu den Eltern und Großeltern. Das Auto wurde gepackt, denn für alle gab es schöne Geschen-

ke. Dort waren auch die anderen Schwestern mit Familie eingetroffen. Emine war ein Zwilling und freute sich auf die Sommerzeit, wenn sie endlich ihren Zwillingsbruder und alle anderen für ein paar Wochen wiedersehen und eine glückliche Zeit mit ihnen verbringen konnte. Nur nach der ersten Heimfahrt fiel es ihr schwer zurückzukehren.

„Als Mahmut 1976 zum Militär musste, blieb ich sogar sieben Monate mit den kleinen Kindern in der Türkei bei den Schwiegereltern, eigentlich eine schöne Zeit. Aber dann wollte ich doch zurück, zurück zu meinen vier Wänden und wollte meinen eigenen Haushalt führen."

„Nach wie vor war ich für alles offen, freute mich auf Neues, mochte meine Freunde und Freundinnen in Deutschland nicht missen und sorgte dafür, dass meine Kinder Erfolg hatten. Nach 16 Jahren kam noch einmal ein Sohn. Uğur, er war das geliebte Baby für alle in der Familie, jeder wollte unbedingt mit ihm spielen, eine schöne Zeit war das. Er studiert heute Elektrotechnik, auch die Zwillinge haben hier eine gute Ausbildung bekommen und heute eine gute Arbeit gefunden. Der Große ist im Vertrieb einer großen Firma und hat eine eigene Familie gegründet, Gonca lebt bei uns, ist eine erfolgreiche Dozentin an einem Bildungsinstitut und arbeitet mit Flüchtlingen und Migranten. Sie war sogar bei den großen Flüchtlingsereignissen 2015 am Dietrich-Keuning-Haus in Dortmund dabei. Sie hat bis ans Ende ihrer Kräfte geholfen, wo sie konnte."

Die Kinder sind mit beiden Kulturen, mit beiden Sprachen und in beiden Gesellschaften aufgewachsen. Das war Emine wichtig.

„Wir sehen unsere Wurzeln in Kırşehir und möchten das unbedingt bewahren, auch wenn wir hier geboren und zu Hause sind. Deshalb wollten wir unbedingt, dass die Eltern ein Haus in der Türkei kaufen, damit wir ein Heim haben, wenn wir in der Türkei sind", sagt Gonca.

Nach dem Ende des Bergbaus gab es in der Familie etwas Stillstand. Mahmut war zu Hause, aber nicht glücklich ohne Arbeit. Zunächst war es wie Urlaub, aber dann musste etwas geschehen. Sie beschlossen, ein Haus zu bauen. Mahmut fand ein Grundstück in Deusen.

„Nein! Das kann nicht wahr sein!", war Emines Reaktion, zu schlechte Erinnerungen waren mit Deusen verbunden! Aber die Gegend war anders geworden, es gab Nachbarn, die schon fertig gebaut hatten, und das Ganze wurde zu einem großen Projekt für die Familie. Mahmut arbeitete auf dem Bau, Emine kümmerte sich um die gesamte Innenplanung und die Einrichtung. Endlich konnte sie ein Heim ganz nach ihren Wünschen schaffen!

Alle Kinder halfen mit. Als sie danach schwerkrank wurde, war das noch einmal eine große Herausforderung für sie und die ganze Familie.

„Die ganze Familie hat zusammengehalten, das hat mir geholfen. Man muss im Leben einfach kämpfen, nicht aufgeben."

1960, Emine mit Schwester Gülşen und Kusinen, sie hinten links, 1960

1956, Emines Eltern, Hasan
und Sultan Örnekoğlu
Mitte: Emines Tante, Zwillings-
bruder Mehmet Emine,
Schwester Gülderen
Unten: Schwester Gülşen,
Bruder Abdulrahman

1960, Emine mit
Freundinnen und
Nachbarskindern,
sie vorne rechts

Emine im Garten,
1967, 12 Jahre alt

Emine im Garten mit 17 Jahren, 1972

Emine mit Schwester Gülşen und Kusine Hatice, ca.1971

Auf einer Feier mit Freundinnen, 1973, Emine rechts

1974, Ausstellung eigener Entwürfe in der Kunstgewerbeschule

1974, Vorstellung eines anderen Modells

*Im Städtischen Krankenhaus,
die Belegschaft, Emines Vater
ganz links im Anzug, o.J.,
ca. 70er, Kirşehir*

Eheschließung mit Mahmut Mavili, 1974

Das Hochzeitsfoto, 1974

Familienfoto nach der Trauung, 1974

*Die Braut mit Emines
Oma, Emine Örnekoğlu*

*Emine mit den Zwillingen Gonca
und Kubilay, 1975*

*Familienausflug in den
Westfalenpark, 1976*

1976, Hochzeit von Zwillingsbruder Abdulrahman
Örnekoğlu

1980, Emine mit ihrem
Vater auf der Hochzeit von
ihrem Cousin in Izmir

Emine auf der Verlo-
bungsfeier von Sohn
Kubilay, 2007

2015, Emine auf der
Hochzeit ihres Neffen
Hasan Örnekoğlu in
Istanbul

AILEME

Tatmadım neşeyi, gülmedim bir an
Günleri kovaladım, hep saatleri
Yaralı bir kuş gibi kalmadı derman
Mecalsiz haldedir ah kanatlarım

Uçamadım yazık gökler iline
Duymadım belki duyduklarınızı
Takıldım bir kuru yaprak yeline
Bugünden bekledim en çok yarını

Aramızda deniz engin ufuklar
Benim yalnız kalbim hep sizi özler
Dönüşüm çok yakın, bekle ailem
Akşam güneşine kesişir yollar
Gurbetlikte bitecek bir gün elbet
Kavuşursunuz kızınıza canım ailem
Üzmeyin kendinizi gelirim elbet
Hasretlik bitecek, huzur gelecek

AN MEINE FAMILIE

Keine Freude gehabt, nicht einen Moment habe ich
gelacht
Gelaufen bin ich den Tagen und Stunden hinterher
Habe keine Kraft mehr wie ein verletzter Vogel
Ja, geschwächt sind meine Flügel sehr

Konnte nicht fliegen in die weite Welt
Habe nichts davon erfahren, was Euch bedrückt
Werde vom Winde gefegt wie trockenes Blatt
Habe gewartet auf den morgigen Tag lieber als
heute

Zwischen uns sind weite Horizonte und das Meer
Mein einsames Herz sehnt sich nach Euch sehr
Meine Rückkehr ist sehr bald, warte meine liebe
Familie
Bis zum Sonnenuntergang kreuzen sich unsere Wege

Heimweh wird eines Tages enden
Ihr werdet eure Tochter wiedersehen, meine liebe
Familie
Werdet nicht traurig, ich komme sicher
Heimweh wird enden, Ruhe wird einkehren

MÜNEVVER KARAOĞLU
1974

EVELYN SARIKAYA

„*Es war Liebe auf den ersten Blick*'

„Einen Mann unter Tage zu haben ist nicht einfach. Die ständige Angst und Anspannung macht das Leben nicht wirklich einfacher. Man weiß ganz genau, dass es unter Tage gefährlich ist und jeden Moment etwas passieren kann. Wenn Arif, mein Mann, Spätschicht hatte und erst Stunden nach Schichtende nach Hause kam, konnte ich oft nicht einschlafen. Erst wenn ich das Geräusch seines Schlüssels in der Tür hörte, beruhigte es mich und ich konnte schlafen. Du lebst auch den Rhythmus Deines Mannes. Wenn Arif Frühschicht hatte, bin ich gegen viertel nach drei Uhr mit ihm aufgestanden. Es war mir wichtig, dass ich mit ihm frühstückte, seine Brote machte und wir uns mit einem Kuss verabschieden konnten. Dann ging ich zum nahegelegenen Kiosk, kaufte mir eine Zeitung, trank gemütlich Kaffee, las, räumte etwas auf, weckte die Kinder und brachte sie zum Kindergarten, der Tag konnte beginnen. Nachdem Arif unten einen Unfall hatte – sein Arm war mehrfach gebrochen und er brauchte ein halbes Jahr, um wieder arbeiten gehen zu können – da war es mit meiner Ruhe ganz vorbei. Oft plagten mich Alpträume. Erst als er in Rente ging und alles vorbei war – auch die vielen Ortswechsel durch das ‚Zechensterben' –, konnte ich endlich Ruhe finden."

Wenn es „Liebe auf den ersten Blick" ist, fragt man wohl nicht so genau, was der zukünftige Mann eigentlich macht, womit man konfrontiert sein wird.

„Eigentlich wollte ich Auslandskorrespondentin werden, in der Welt herumkommen, nur heiraten stand nicht in meiner Lebensplanung. Überhaupt war ich von Kindheit an die Rebellin in unserer Familie und da passte eine konventionelle Heirat ebensowenig zu meinen Zukunftsvorstellungen wie eine Perspektive als Beamtin, was meine Eltern gerne gesehen hätten."

Evelyn wurde als Zwilling und „Älteste" von vier Kindern in eine Beamtenfamilie geboren. Seit Generationen waren die Väter Postoberinspektor oder Justizbeamter oder, wie schließlich ihr Vater, Vollstreckungsbeamter und Gerichtsvollzieher. Beide Eltern achteten höchst genau auf die Schulausbildung ihrer Kinder, waren streng, aber – und dazu sagt Evelyn *„Da bin ich ihnen heute noch dankbar"* – sie ließen ihren Kindern auch viel Freiheit und förderten ihre Selbstständigkeit sowie unabhängiges und kritisches Denken. Als sich die Eltern trennten – sie war gerade 14 – übernahm die Mutter die Rolle der strengen Erzieherin, obwohl sie nach der Scheidung gezwungen war zu arbeiten, um mit mehreren Jobs die Kinder durchzubringen. Um 5 Uhr arbeitete sie in einem Büro auf dem Großmarkt, danach hat sie in einer Gaststätte geputzt und diese geöffnet, auch an den Wochenenden arbeitete sie gelegentlich. Bei einer befreundeten Modeagentur wurde sie zwischendurch als Mannequin beschäftigt. *„Sie war eine schöne, stolze, starke Frau und hat alles für uns getan!"*

EVELYN SARIKAYA

Geb. Stark
1949 in Dortmund
Seit 2016 in der Türkei, Region Denizli

„Meine Kindheit und Jugend waren einfach fantastisch. In der Dortmunder Südstadt des Nachkriegs gab es noch genügend wilde Ecken, Trümmergrundstücke, die Phantasie und Neugier anregten. Ich war kreativ, dachte mir Theaterstücke aus und tat vor allem viel, um meine kranke Zwillingsschwester zu beschützen, mit ihr das Beste aus allen Situationen zu machen und überall und alles zu erkunden, immer dort, wo es für uns interessant war. Der Sommer gehörte uns im Volksbad, in der Bolmke und später im Stadion Rote Erde. Wir liefen mit Puppenwagen, Saftflaschen, Kartoffelsalat, Broten und was uns einfiel von zu Hause durch die Schrebergärten über die Straße (die B 1 war noch eine normale Landstraße) und verbrachten Tage und Wochenenden dort. Mit fünf Jahren machte ich meinen ‚Freischwimmer' im über alles geliebten Freibad. Hauptsache immer in Bewegung. Sportlich habe ich alles ausgeübt, was es damals gab, Fahrrad, Schlittschuh, Rollschuh, Leichtathletik, wurde später Wettkampfschwimmerin und trat für meine Schule und für den Schwimmverein ‚Hellas' sogar zum Wettkampf in Amsterdam an."

Später, als „Teenager", ging das weiter. Sie mussten immer etwas unternehmen, mussten raus!

„Es war damals in den Sechzigern immer irgendwo etwas los, Tanz, eine Party und unsere Clique traf sich abends im Westfalenpark und zog dann gemeinsam irgendwohin."

Mit der Schule ging es leider nicht nach dem Wunsch der Eltern, die sie gern als Studentin und später Beamtin gesehen hätten. Evelyns Zwillingsschwester wurde so krank, dass sie nicht mehr zur Schule gehen konnte, da wollte sie auch nicht mehr und brach das Gymnasium ab. Sie war eigentlich auch immer mit ihr krank, aber sie hatte sich immer wieder gut erholt.

„Doch darüber sind wir sehr eng zusammengewachsen. Nach einer Lehre zur Kontoristin bei der Stadt wollte ich auf gar keinen Fall die Beamtenlaufbahn einschlagen, aus purem Protest – ich bin ja ‚Krebs' und war schon früh der ‚Rebell' in der Familie – koste es, was es wolle. Entgegen den Wünschen meines Vaters bin ich dann aushilfsweise an den Wochenenden in einem kleinen Wienerwald-Restaurant in der Brückstraße kellnern gegangen."

Dort traf sie auf Arif, den jungen Türken, der immer gut aussah, sehr gut Deutsch sprach, aber ihr keine Beachtung schenkte.

„Das konnte ich überhaupt nicht haben. Ich war gewohnt, dass man sich nach mir umschaute. Meine Mutter war schon eine sehr schöne Frau, ging zeitweilig auch als Mannequin auf Modenschauen in Köln oder Düsseldorf und ich hatte einiges von ihr. Und nun war dieser junge gutaussehende Mann so arrogant, als sähe er mich nicht!"

Diese Jungen kamen immer als Gruppe sonntags in die „Schauburg", wo es vormittags türkische

Filme gab, und danach kamen sie zum Hähnchenessen in das Restaurant gegenüber. An einem folgenschweren Tag im Juli 1968 lud Arifs Gruppe Evelyn zum Kaffee ein und sie nahm an.

„Normalerweise bin ich nicht mit fremden Leuten irgendwo hingegangen. Aber wie es so ist, ich nahm die Einladung an und da saßen wir nun in einem Café draußen, zusammen auf einer Bank, Arif zufällig (?) neben mir. Plötzlich suchte seine Hand die meine, hielt sie fest – und da war es geschehen. Arif war das Ebenbild des Mannes, den ich mir in meiner Kindheit immer vorgestellt hatte: schlank, dunkles Haar, braune Augen und lange schwarze Wimpern."

„Es war kurz vor den Sommerferien und ich wollte sofort mit ihm in die Türkei und sein Dorf und seine Familie kennenlernen. Direkt wie ich war ging ich zu meiner Mutter und sagte: ‚Ich brauche einen Pass, ich will in die Türkei mit Arif, meinem neuen Freund.'"

Die Mutter war nicht begeistert. „Du bist wohl verrückt, das kommt gar nicht infrage. Du kennst das Land doch nicht und was da auf Dich zukommt. Es ist zu weit weg und du bist gerade mal achtzehn. Das lasse ich überhaupt nicht zu."

Aber es half ja nichts, Evelyn wollte Arif und keinen anderen und war sogar bereit zu heiraten und hat sich schließlich gegenüber der Mama durchgesetzt. Ein paar Tage später brachte sie Arif mit nach Hause und jeder Widerstand schmolz dahin. Auch für die Mutter wurde es

„Liebe auf den ersten Blick". Sie sind dann doch nicht in die Türkei gefahren und haben zunächst die Heirat vorbereitet. Das war damals wie heute nicht so einfach. In der Türkei wie hier mussten die Unbedenklichkeitsbescheinigungen abgewartet werden, Evelyn war nicht volljährig, man musste damals 21 Jahre alt sein! Zunächst heirateten sie nach türkischem Recht in der Botschaft in Bad Godesberg und erst danach konnte, sollte die Heirat beim Standesamt in Dortmund durchgeführt werden. Mehr als ein Vierteljahr dauerte die gesamte Prozedur. Im Januar waren sie dann verheiratet und im Sommer kamen bereits die Zwillinge, zwei Mädchen, Meryem und Süreyya, elf Monate später dann das dritte Mädchen, Lale.

„Die erste Zeit war schwer, Arif arbeitete zwar, aber mit drei Kindern ging es gerade so. Die Wohnung war zu klein, nicht geheizt, kein Ofen, keine Kohlen. Alles haben wir selbst gemacht, gestrichen, Vorhänge genäht. Selbst die Hochzeit haben wir nicht groß gefeiert, meine Mutter war im Krankenhaus und die Wohnung noch nicht fertig."

Zum Glück war Evelyn unkompliziert und kreativ. Sie hatte immer Ideen, wie man etwa selbst machen konnte und es war für beide perfekt.

„Auf jeden Fall hatten wir viele Freunde, türkische und deutsche, es wurde gefeiert, zusammengesessen und fröhlich gelebt!"

Erst 1971 sind sie dann mit allen drei Kindern zum ersten

Mal zu den Schwiegereltern in die Türkei gefahren. Es wurde ein Schaf geschlachtet und es gab eine Riesenfeier. Evelyn war begeistert vom Dorf, von den neuen Verwandten, vor allem den Schwiegereltern. Auch hier: „Liebe auf den ersten Blick"! Vor allem der Schwiegervater war von seiner Schwiegertochter begeistert und sie von ihm. Ein grüner Stuhl und ein Tisch wurden für sie hergestellt, damit sie beim Essen nicht auf dem Boden sitzen musste, wie es auf dem Dorf normal war. Und er baute ihr ein „Hamam", eine Dusche! Was für ein Luxus! Ein kleines Häuschen mit einer umgekehrten Gießkanne und einem Ofen für das warme Wasser.

Sie mussten eine Entscheidung treffen: Arif begann mit dem Studium, Evelyn konnte eine Stelle als Chefsekretärin bekommen, um das nötige Geld zu verdienen. Ihre Mutter war sehr krank – was tun mit den Kindern? Ein Recht auf Krippe und Kindergartenplatz für alle gab es damals nicht. Die Schwiegereltern überzeugten sie, die Kinder bei ihnen zu lassen. Diese Entscheidung war hart und bitter. Aber es ging nicht anders. Vier Jahre blieben die Kinder bei den Großeltern, wuchsen im türkischen Dorf auf, fühlten sich wohl und sahen ihre Eltern nur in den Ferien. „Das war unsere härteste Zeit", sagt Evelyn. „Wir sind zwar jedes Jahr solange wie möglich dortgeblieben, aber obwohl die Kinder bei ‚Oma und Opa' sehr glücklich waren, war es unglaublich schwer für uns."

Als es für die Zwillinge Zeit war, in die Schule zu gehen, war für Evelyn klar, dass sie die Kinder zurückholen musste. Sie sollten auf jeden Fall ihre Ausbildung in Deutschland bekommen und Evelyn bestand darauf, sie nach Deutschland zu holen. Für die Kinder war es zunächst schwer, sie waren das Dorfleben gewohnt, hatten ihr Deutsch verlernt und mussten sich erst an alles gewöhnen. Sie haben nicht gleich den geraden Weg in ihrer Ausbildung genommen, wie Arif das gern gesehen hätte, aber alle haben ihren Weg gefunden, später studiert und sind heute in einem Beruf tätig, in dem sie ihre doppelte Kulturerfahrung einsetzen können.

„Wir haben später im Dorf ein Haus gebaut und sind jedes Jahr mehrfach dort hingefahren, so dass unser Dorf in der Türkei für uns alle immer ein zentraler Ort geblieben ist. Für mich ist unser Dorf meine zweite Heimat und ich lebe dort seit 2016 permanent. Hätte ich hier in Dortmund nicht noch meine Zwillingsschwester und meine Kinder, würde ich ganz in die Türkei umsiedeln. Ich habe alles von Anfang an geliebt, das gemeinsam Essen, das Zusammensein, die Nachbarn, die einfach so mal vorbeikommen, Brot backen zusammen, etwas vom frisch gekochten Essen herüberbringen – eine wunderbare Gemeinschaft, die bis heute besteht."

Wollten sie nicht schon früher wieder zurück in die Türkei?

„In den 80er-Jahren hat Arif zurückgewollt, die Ausländer-

feindlichkeit fing an und wir haben uns nicht mehr wohlgefühlt. Es gab ja auch die Rückkehrprämie. Aber dann hat ihm der Beamte von der Knappschaft gesagt ‚Sind sie verrückt? Ihr Rentenanspruch besteht doch schon, das dürfen sie doch nicht aufgeben.' Und er hatte Recht. Wir haben es uns hier in Deutsch-

land auch mit den Kindern schön gemacht, auch viel Glück gehabt, viel erlebt, beste Freunde gehabt. Wir sind in Europa herumgekommen, haben Paris, Wien, Venedig besucht, sind am Meer und in den Bergen schwimmen und wandern gewesen. Aber richtig wohl fühlen wir uns in der Türkei."

Sylvia, Daniela, Evelyn - Kommunion 1956

Sylvia, Daniela, Mama Waltraud, Evelyn, ca. 1960, davor der kleine Bruder Ingo

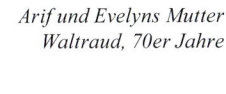

Die Zwillinge, ca. 1963, links Evelyn

Sommer 1965 auf Juist mit Kollegen und Mitschüler, Evelyn links

Arif und Evelyns Mutter Waltraud, 70er Jahre

Evelyn singt Im Casino auf Juist, „Brennend heißer Wüstensand ... .

Party bei Freunden, ca. 1968

Evelyn, 1971, mit den Zwillingen Süreyya, Meryem und „Lale" (Lara)

Arifs Mutter und Tante im Dorf Karahisar, Türkei, 1970 Jahre

Die Zwillinge auf dem Dorf Karahisar, Türkei 1971

Schwiegermutter Meryem mit den Zwillingen und Lale, ca. 1971

Beginn des Hausbau in Karahisar, 1983

Evelyn und Arif in Dortmund, 80er Jahre

Die Schwiegereltern Hüseyin und Meryem, ca. 1972

Die beiden Mütter im Dorf, 80er Jahre

Arif und seine geliebten Töchter, Kärnten, 1980

Istanbul, erste Schiffsreise zum Hochzeitstag 1998

Die Töchter Lale, Meryem, Süreyya, ca. 2000

Das Haus in Karahisar heute

Auch im Winter warm und gemütlich

HATİCE SARIKAYA

„In tausenden Schritten endlich zum Ziel!"

„Bergmannsfrau – das war etwas Neues und Unbekanntes für mich. Ich war ein Dorfkind und kannte weder die Industrie noch die Großstadt. Ich wusste zwar, dass einer der ‚Onkelsjungen', der erste, der nach Deutschland ging, im Bergbau arbeitete, aber mit Kohle hatten wir noch nie geheizt, denn wir heizten mit Stroh und Fladen. Aber ich ging mit großen Erwartungen nach Deutschland, auch wenn ich über die graue Welt dieser Industriestadt Dortmund zunächst nicht sehr glücklich war. Was es bedeutet, wenn der Mann unter Tage arbeitet, dass man auf ihn wartet und hofft, dass er gesund zurückkommt, dass Nachtschicht das normale Leben schwermacht, das musste ich erst lernen. Aber mein zukünftiger Mann hatte es bereits geschafft, war zunächst nicht immer unter Tage, denn er war Dolmetscher und Betriebsrat geworden. Er half den neu unter Tage arbeitenden Kumpeln, alles zu verstehen, und beriet sie, wenn sie Hilfe brauchten. Warum sollte ich hier nicht auch meinen Wunsch nach einer Ausbildung und anerkannter Arbeit erfüllen können?"

In der Türkei waren sie Bauern.

„Wir hatten genug Land und meine fleißigen Eltern bauten Weizen, Gerste und Melonen an und produzierten fast alles, was wir brauchten, selbst. Wir hatten Schafe, Kühe, Esel, Büffel, Katzen und Hunde. Es gab keinen Mangel."

Auch wenn es damals nur Lehmhäuser gab und keine Spül-toiletten, hatten Hatice und ihre vier Geschwister eine schöne Kindheit in diesem großen Lehmhaus mit dem langge-streckten Wohnraum, in dem sich alles abspielte, dazu Neben-zimmern und einem Balkon. Ihr Lieblingsspielplatz war vor dem Haus am Brunnen neben einem kleinen Bach, aus dem sie im Sommer Tonerde holten und ihre Figuren zum Spielen selbst formten. Gekauftes Spielzeug gab es nicht. Damals waren die Sommer heiß und die Winter sehr kalt. Wenn es geschneit hat-te, musste der Weg zur Schule durch den meterhohen Schnee freigeschaufelt werden.

Hatice ging gern zur Schule, zunächst zur Koran-Schule, dann in die Grundschule. Ihr Va-ter, der es in der Jugend nicht leicht gehabt hatte, legte großen Wert darauf, dass seine Kinder etwas lernen und werden sollten, nicht nur der Bruder, auch die Mädchen.

„Ich las gern, stahl mich oft aus dem großen Wohnzimmer in den Nebenraum, wo die Zeitun-gen aufbewahrt wurden, und verfolgte lang ausgestreckt auf dem Boden die großen Zeitungs-blätter vor mir, das Weltgesche-hen. Mein Vater hat gerne Zei-tung gelesen und bekam sie zwei- bis dreimal pro Woche. Er und meine Mutter waren sowie-so etwas Besonderes. Sie waren liberal, gaben an uns Kinder ihre Lebensweisheiten weiter, Menschlichkeit, Mitgefühl, Res-pekt, Ehrlichkeit und Bereit-schaft zur Hilfe. Es gab zum Bei-spiel Flüchtlinge aus dem Gebiet von Kars, die ‚Mahacir', im

HATİCE SARIKAYA

Geb. Alp

1954 in Kacarlı Köyü, Şereflikoçhisar, Ankara Region

Seit 1970 in Dortmund

Dorf. Mein Vater gab ihnen Arbeit und half, wo er konnte. Ich habe vieles von meinen Eltern gelernt und bin bis heute dankbar dafür."

Da Hatice klug und wissbegierig war, stand außer Frage, dass sie in der benachbarten Kleinstadt Şereflikoçhisar für die nächsten drei Jahre zur Mittelschule ging. Das war ungewöhnlich, denn sie blieb nicht mehr in der Obhut der Eltern und lebte bei einer Tante in einem eigenen Zimmer. Die Tochter der Tante war eine bekannte Schneiderin und stellte für die reichen Leute am Ort die teuersten Kleider her. Hatice half ihrer Cousine gern und lernte ganz nebenbei auch das Nähen.

Im dritten Jahr an der Mittelschule, wohl 1969, kamen ein Onkel und sein Neffe aus ihrem Nachbardorf vorbei, um sie zu begrüßen, sie fand das komisch. Die Eltern holten sie am kommenden Wochenende ins Dorf nach Hause und dann kam es heraus: Man warb um sie. Bekir, ein Cousin, der erste, der in ihrer Gegend nach Deutschland gegangen war, hielt um ihre Hand an. *„Das war für mich nicht ungewöhnlich. Oft wurde so eine Heirat zwischen Verwandten angebahnt und als Mädchen hat man sich dem ohne Probleme gefügt."* Ende 1969 war dann die Verlobung.

„Ich besuchte die Schule weiter, sollte und durfte sie zu Ende bringen, das war für mich wichtig und auch eine wichtige Voraussetzung für mein weiteres Leben. Aber schon ungewöhnlich, denn nun war ich ja verlobt.

Bekir kam und wir gingen ein paarmal aus, ins Kino. Danach schrieben wir uns Briefe. Ich habe seine bis heute noch."

In der Zeit nach der Verlobung begann sich Hatice mit Deutschland zu beschäftigen. Deutschland war damals in aller Munde, aber niemand hat daran gedacht, dass sie sich zum Beispiel ein wenig mit der Sprache befasste. Ende 1970 kam Bekir aus Deutschland und bat um die Hochzeit. Er hatte nicht einmal seine Eltern eingeweiht. Das musste nachgeholt und alles in Eile vorbereitet und arrangiert werden. 14 Tage später ging es nach Ankara, ein Pass musste beantragt werden, das war erst nicht leicht, aber ein Visum brauchte man damals nicht.

„Wir haben geheiratet und uns dann kennengelernt", sagt Hatice. Das begann im November 1970, die Verwandten waren beim Abschied alle da, aber sie schaute schon in die Zukunft.

„Für mich war Deutschland ein Glück. In der türkischen Männergesellschaft kannst Du als Frau nicht sehr weit kommen, das war etwa das Schicksal meiner Schwester. Ich wollte etwas werden, etwas machen, studieren."

Und darauf steuerte Hatice in vielen Schritten, aber entschieden, hin. In Deutschland war es zunächst nicht einfach. Bekir hatte noch keine Wohnung bekommen, sie lebten in der Zweizimmerwohnung eines Kumpels, bei Haci und seiner Frau Birnaz in Huckarde.

„Ich war entsetzt! Du träumst von der Moderne, von Hochhäu-

sern, von einer schönen Umgebung, aber dort war alles dunkel, ob Straßen, Häuser, der Putz, der Regen, das Wetter. Und dann keine Privatheit."

Erst nach ein paar Wochen bekamen sie ein eigenes Zimmer in einem Ledigenheim, dann aber bald eine Dreizimmerwohnung von der Zeche mit Balkon, großem Bad in der Buschstraße in Huckarde. Bekir war auf der Zeche Hansa als Dolmetscher und ging gleichzeitig auf die Abend-Ingenieurschule. Er musste diese Ausbildung aber leider abbrechen, weil er Geld verdienen und seine Familie im Dorf unterstützen musste.

Dann begann erst einmal der Alltag.

„Keine Paprika, keine Pekmez, bis ein Freund Rübenkraut mitbrachte, super! Ich konnte kein Deutsch, die Nachbarn waren alle deutsch, da musste ich loslegen. Aber es gab keine Kurse. Bekir nahm mich mit in einen Kurs für die Zechenleute, aber als einzige Frau zwischen den Kumpeln fühlte ich mich nicht wohl und habe abgebrochen. Es ging nur langsam voran, Bekir half und ganz wichtig war für mich der WDR Köln ‚Radyosu' mit seinem Programm für Gastarbeiter. Die täglichen 40 Minuten in türkischer Sprache waren meine zentrale Informationsquelle. So erfuhr ich etwas über die geltenden Ausländergesetze, über Sozialleistungen, das Schulsystem, Versicherungen, ‚Bausparen', Krankheiten und das Gesundheitssystem. Das war mir eine große Hilfe, um überhaupt zu verstehen, was für

mich in Deutschland von Bedeutung war."

1971 wurde das erste Kind, Tochter Sevgi, geboren. Hatice begann erst einmal zu arbeiten. Mit anderen Frauen fuhr sie früh in die Glasfaserfabrik Klöckner/ Schott und Sevgi musste zu einer Tagesmutter gegeben werden. 1973 fuhren sie zum ersten Mal mit der Tochter zu den Eltern in die Türkei. Bekir wurde für 18 Monate in die türkische Armee eingezogen und Hatice musste allein zurück.

„Dann passierte etwas Schreckliches. Ich konnte Sevgi nicht mit zurücknehmen, sie war nicht im Pass eingetragen und ich musste sie für längere Zeit bei den Schwiegereltern zurücklassen. Das war für uns alle ein Drama."

Bekir hatte vorher eine Wohnung in Mengede besorgt. Dort wohnte Hatice nun ohne Bekir und ohne Sevgi mit dem Bruder und der Schwägerin zusammen, bis Bekir 1975 zurückkam.

„Dann hatte ich notgedrungen Zeit, mein Deutsch ging schon etwas besser und ich überlegte mir, was ich daraus machen könnte. Ich ging zu einem Frisör in der Nähe und fragte, ob ich ein paar Stunden dort arbeiten könne. Sie fragten ob ich denn Frisör gelernt hätte und mit meinem schlechten Deutsch verstand ich, ob ich Französisch könne und ich sagte selbstbewusst ja, denn das hatte ich in der Mittelschule gelernt."

Es kam selbstverständlich schnell heraus, dass sie gar keine Ahnung hatte. Aber die Familie Schäfer war superfreundlich und gab ihr die Chance, dort für zwei Stunden zu helfen und zu lernen. Nach der Schicht bei der Glasfaserfabrik und am Wochenende ging sie also zum Frisör, wusch Haare und bekam immerhin Trinkgeld.

„So wie die Schäfers waren eigentlich auch alle Nachbarn. Man wollte uns kennenlernen, war neugierig und half auch, wo es notwendig war. Ich war auch freundlich, lernbegierig und hatte genug Fähigkeiten, um überall positiv anzukommen. In der Fabrik schrieb ich etwa die Stundenzettel, war wie eine Sekretärin für meine Landsleute, die oft Analphabeten waren und kein Wort Deutsch konnten."

Zu dieser Zeit hat sie einen ersten Bausparvertrag angefangen, insgesamt wurden es fünf! Das war vorausschauend, denn es hat ihnen später, 1991, sehr bei ihrem Hauskauf geholfen. 1974 bekam die Firma Probleme und führte Kurzarbeit ein, die Frauen durften nicht arbeiten, bekamen aber Geld. Daher konnte sie mehr im Frisörsalon arbeiten.

„Nun wollte ich die Situation nutzen und eine Lehre beginnen, mich ausbilden lassen. Aber laut Arbeitsamt hätte ich Mittlere Reife haben müssen, mein türkischer Abschluss wurde nicht anerkannt. Ich hatte erst einmal Pech, habe dann aber meine Frisörerfahrung genutzt, Verwandten und Bekannten die Haare frisiert und damit zusätzlich Geld verdient."

1975 kam Bekir zurück, Hatice war wieder schwanger und nachdem Selim Serkan 1976 ge-

boren wurde und sie Sevgi wieder zurückholen konnten, war die Familie endlich komplett und sie musste erst einmal mit der Arbeit in der Fabrik aufhören. Sie lebten in Huckarde nun in eigener Wohnung.

„Aber ich konnte nicht loslassen von meinem Ziel, etwas Sinnvolles, Verantwortungsvolles zu tun und dafür vielleicht auch eine Ausbildung zu finden. Bekir hat mich von Anfang an darin unterstützt."

In Huckarde gab es viele Bergmannsfamilien, Türkinnen und deren Kinder, von denen viele nach dem Ende der Anwerbung über den Familiennachzug nach Dortmund gekommen waren und jede Menge Unterstützung benötigten. Nur gab es die institutionell zunächst einmal nicht.

„Da sah ich mich gefordert."

In Huckarde hatten sich die VHS, die IGBE, die Kirche und die AWO zusammengetan, um etwas für die türkischen Familien zu organisieren. Es gab einen Plan für einen Sprachkurs, Bekir hatte das auf den Weg gebracht, und Hatice übernahm zunächst die Kinderbetreuung.

„Zweimal pro Woche betreute ich die Kinder zusammen mit einer Erzieherin und arbeitete mit im Deutsch-Kurs, übersetzte, half zu verstehen. So bin ich in den sozialen Bereich eingestiegen. Das Evangelische Gemeindehaus unterstützte dieses Projekt, ich wurde zweite Kraft und leitete den Sprachkurs mit Frauen und Kindern. Es war der Beginn solcher Projekte für die Gastarbeiterfrauen in den soge-

nannten „Brennpunkten" und ich bin von Anfang an dabei gewesen!"

1978 hat sie dann mit dem Führerschein angefangen, 1979 hatte sie ihn.

Hatices weiterer beruflicher Weg liest sich wie die Geschichte der Dortmunder Sozialarbeit für (nicht nur türkische) Gastarbeiter und ihre Familien. 1979 wurde eine Frauengruppe gebildet, es entstand ein Frauengesprächskreis, sie arbeitete mit am Programm, war zweite Kraft neben einer ausgebildeten Sozialpädagogin. Ohne eine ausgewiesene Ausbildung bekam sie allerdings viel weniger Geld, obwohl sie die Hauptansprechpartnerin für die Frauen war.

1982 betreute sie bei der AWO den Spielkreis in mehreren Schulen, in Nette, der Nordstadt, in Mengede, Eving, Huckarde, und bekam eine feste Stelle, allerdings unterbezahlt und befristet. Sie war geschätzt und auch andere Institutionen wollten sie gerne übernehmen, sie arbeitete in Alphabetisierungskursen, Mädchengruppen, Frauengruppen, sei das bei der VHS, im Dietrich-Keuning-Haus (DKH), bei der AWO oder in Kirchengemeinden. Untätig war sie nie, sie besuchte weiter Kurse, lernte auch Supervision, Coaching und Altenpflege.

„Aber ich wollte endlich eine richtige Stelle und einen guten Vertrag. Ich wollte endlich einen anerkannten Schulabschluss und eine qualifizierte Ausbildung machen."

1988, nach einem Deutsch-Test, empfahl man ihr, in

der Evangelischen Familienbildungsstätte im Dortmunder Zentrum einen entsprechenden Kurs in Abendstunden zu besuchen. Sie wurde vorzeitig fertig und hatte 1990 ihr Zeugnis der Mittleren Reife in der Tasche. Bekir ging extra auf Nachtschicht, damit sie das alles machen konnte. Das Familienleben ging selbstverständlich weiter, die Kinder mit Kindergarten und Schule stellten Anforderungen. Sie hatten auch viel Besuch, viele Kollegen kamen, deutsche und türkische Freunde.

„Wir hatten ja keine Familie hier und deswegen war das Zusammensein mit Freunden und Landsleuten für uns so wichtig. Man wollte doch zu einer Gruppe dazugehören. Bis heute pflegen wir die Kontakte aus diesen Zeiten."

Hatice blieb rastlos.

„Nach diesem Abschluss wollte ich mindestens Erzieherin werden, aber bei der Beratung sagte man mir: ‚Bei dem, was sie alles schon gemacht haben, können sie auf jeden Fall auch Sozialarbeit studieren, zum Beispiel an der Anna-Zillken-Schule.' Jetzt fehlte mir nur noch die Unterstützung vom Arbeitsamt. Aber die zuständige Sachbearbeiterin wollte mir nicht helfen. Ich ließ aber nicht locker und der Zufall wollte es, dass eines Tages eine andere Kollegin Dienst hatte, die mir problemlos die Ausbildung genehmigte."

Das Studium war schwieriger als gedacht, die Sprache, das Schriftliche war ein Problem. Sie musste ein Jahr wiederholen und das Arbeitsamt bezahlte nicht. Aber sie blieb dabei und zog die Ausbildung erfolgreich durch. Das Anerkennungsjahr nutzte sie, um alle Institutionen kennenzulernen, war im Pflegebereich, im Jugend-, Mädchen- und Frauenbereich, im Sozialamt… Antonietta, damalige Mitarbeiterin im DKH, hat sie auf eine Stelle beim Verein zur Förderung der Erwerbstätigkeit von Frauen im Revier (VFFR) im ehemaligen Verwaltungsgebäude der Zeche Minister Stein aufmerksam gemacht. Ab 1.1.1996 wurde sie dort in einem Dreijahresprojekt Beraterin für Frauen ausländischer Herkunft, in Vollzeit, vermittelte berufsbezogene Sprache, half bei Bewerbungen und auf diese Weise vielen jungen Frauen in ihren späteren Beruf. Da es ein EU-Projekt war, gingen sie auch in die Partnerländer England, Frankreich, Spanien, Italien, tauschten Erfahrungen aus und lernten voneinander. Das Projekt war erfolgreich, wurde verlängert, dann gab es leider Kürzungen, schließlich ging die Förderung 2011 ganz zu Ende. 15 Jahre lang war die Bildungseinrichtung auf Minister Stein der Ort ihrer Wünsche. Im Anschluss fand sie eine Tätigkeit beim Jugendamt in Recklinghausen, als Koordinatorin des Programms „Rucksack Kita".

„Es war eine aufregende und tolle Zeit. Ich war in meinem Element. Ich habe wirklich viel bewegen können. Sehr viele Frauen haben einen Abschluss gemacht und die Voraussetzung für eine spätere Berufstätigkeit erwerben können. Noch heute treffe ich manche von ihnen und wir sprechen gern über diese Zeit und sind dankbar für die damalige Chance. Viele von ihnen haben jetzt wenigstens eine Rente, weil ich half, eine Stelle bei der Stadtverwaltung zu bekommen, auch wenn es nur in der Reinigung war. Einige Busfahrerinnen sind darunter. Wenn ich eine von ihnen im ÖPNV treffe, umarmt sie mich vor Freude. Wir haben ja nicht nur gelernt, wir haben Ausflüge gemacht, Schwimmkurse besucht, uns mit der Gesundheit beschäftigt, und haben natürlich auch viel gefeiert. Einmal bin ich sogar mit einer Frauengruppe nach Istanbul gereist. Es gibt immer noch Frauen, die mich um Hilfe bitten, weil sie von mir gehört haben."

Das Ende dieses erfolgreichen Projektes war noch einmal eine Zäsur in Hatices Leben. Sie war noch nicht einmal 60 und hatte noch viel Energie.

„Ich hoffte, dass ich nun nach mehr als 30 Jahren sozialer Arbeit eine entsprechende Stelle finden würde. Aber es gab für mich nichts, was meinen Wünschen und Fähigkeiten entsprach. Im Seniorenbüro Nordstadt reichte es nur für eine Zehnstundenstelle. Das war unbefriedigend."

In die Türkei zurückzugehen war nie eine Option, auch jetzt nicht. Noch immer ist Hatice ehrenamtlich tätig, hilft im Hospiz, betreute für ein paar Jahre eine kranke Dame als gesetzliche Betreuerin. Sie brachte sie sogar persönlich in die Türkei, als deren Familie sie zurückhaben und selbst betreuen wollte. Rückblickend war sie immer aktiv, fand immer ihren Weg. Für die Familie war das nicht immer einfach. Als Bekir in den Vorruhestand geschickt wurde, 1995, begann sie gerade erst beim VFFR und hatte beruflich alle Hände voll zu tun. Aber von der Familie, vor allem von Bekir, erhielt sie die größte Unterstützung und Hilfe. Auch Nachbarn und Freunde unterstützten sie.

„Allein hätte ich es viel schwieriger gehabt."

Ende der Neunzigerjahre entscheidet sich die ganze Familie, die deutsche Staatsbürgerschaft anzunehmen, nachdem in der Türkei Klarheit für sie geschaffen wurde, dass sie dort ihre Rechte nicht verlieren.

„In beiden Ländern leben wir bis heute. Ich bin froh, dass ich zwei Kulturen habe kennenlernen dürfen. Ich habe von beiden das Schöne genommen und es hat mich reich gemacht! Wir leben auch jetzt in beiden Welten, in beiden Gesellschaften, hier wie in der Türkei. Nun wünsche ich mir vor allem Gesundheit und mir sind die Enkelkinder wichtig. Wir möchten sie unterstützen, wenn wir hier sind und freuen uns auf die Türkei, reisen dort mehr herum und kümmern uns dort um das Haus der Familie und die Landwirtschaft. Wir wollen noch viel sehen, viel lesen, kümmern uns um das, was hier und dort in der Welt geschieht. Unsere Familie bleibt uns wichtig und ich freue mich, dass beide Kinder studiert haben und im Sozialbereich arbeiten – wie ich es gern getan hätte."

Hatices Dorf Kacarlı Köyü, vorn die Quelle, an der sie mit ihren Geschwistern so gern spielte, ca.1965

Klassenfahrt in ein Nachbardorf, Hatice ganz rechts, 1967, Mittel-
schule

Hatices Eltern, Hatice oben mittig, Schwestern Yeter und Zeliha
links, Schwester Filiz, rechts neben der Mutter, über ihr Schwägerin
mit Baby Derya auf Omas Schoß

Hatice, 1968 im
Schulausweis

Hatice mit Schulfreundin Perihan
auf dem Schulhof, 1967

Hadice mit ihrer besten Freundin
Nezaket im Dorf, 1968

Verlobung mit Bekir, 1969

Passfoto für die
Ausreise, 1970

Hatice mit Schwiegervater Zeki, November
1970

Vor dem Abflug nach Deutschland, 1970
Verabschiedung mit Schwiegervater, Vater und Cousins

Hatice vor der Ausreise, schon im Zoll

Hatice in Dortmund, mit Onkel Kemal vor der
Berufsschule, erste Stadtbesichtigung, 1970

Hatice mit ihrem ersten Kind Sevgi, 1972

Erste Fahrt mit dem Ford Granada in die Türkei, mit Schwester Yeter, Selim Serkan und Sevgi, 1981

Hatice, Sevgi, Bekir in Huckarde, 1973

Hatice mit einer Mädchengruppe, Hauptschule in Nette, 1985

Hatice 1984, in der Schopenhauer Grundschule, Förderprojekt für Kinder

Beschneidungsfest für Serkan 1984, Serkan zwischen den Eltern, Sevgi und Freund Selim

Hatices Vater, im Hintergrund das Dorf, in den Neunzigern

Familienausflug zur Möhne, 1991

Hatice Eltern Alp, Vater Ali, Mutter Durkız, mit der unterstützenden Nachbarin, ca. 2007

Ostern 2017, Großeltern Hatice und Bekir, Schwiegertochter Irmgard, Enkelkinder Smilia Durkız und Moses Zeki in Hatices Garten

GABI KANAG

Kulturschock einmal anders herum!

Ein Bericht zu meiner ersten Reise in die Türkei 1969

„Ich bin im Sommer 1969 das erste Mal mit meinem Mann mit dem Auto zu meinen Schwiegereltern in die Türkei gefahren. Über die Entfernungen und Dimensionen habe ich mir keine Gedanken gemacht. Wir waren jung, unternehmungslustig und unerfahren. Bis zu diesem Zeitpunkt hatte ich unsere Kleinstadt Datteln fast gar nicht verlassen. Meine Mutter war von dieser Idee überhaupt nicht begeistert. Sie machte sich große Sorgen, heute verständlich.

Mein Mann und ich fuhren am frühen Morgen los. Bis Jugoslawien war die Fahrt auch noch abwechslungsreich. Ab hier und spätestens in Bulgarien merkte man schon die anderen Kulturen. Der „Autoput" war für mich die reinste Qual. Ich war der Meinung, wir kämen überhaupt nicht an. Nach zwei Tagen waren wir an der türkischen Grenze. Spätabends erreichten wir Edirne. Die Selimiye-Moschee war riesig groß und hell erleuchtet, meine erste Moschee in natura. Das war für mich ein fantastischer Anblick, den ich bis heute nicht vergessen kann.

Wenn ich aber in diesem Moment der Meinung war, wir seien angekommen, hatte ich mich gewaltig getäuscht. Bis nach Zonguldak brauchten wir noch einmal einen ganzen Tag. In Istanbul setzte man damals mit der Autofähre über. Die vielen Bilder, die auf mich einstürzten, waren überwältigend. Die Menschen, die Sprache – ich war in einer anderen Welt. Irgendwann nach 22.00 Uhr erreichten wir die Wohnung meiner Schwiegereltern. Meine Schwiegermutter freute sich so laut, dass nach kurzer Zeit die Wohnung mit Besuchern überfüllt war. Alle unterhielten sich und lachten und freuten sich. Ich verstand kein Wort. Wahrscheinlich wurde mein Mann auch über mich ausgefragt...

Alle starrten mich an, sie hießen mich selbstverständlich auch willkommen. Die Überschwänglichkeit dieser vielen Menschen in dieser Wohnung war so herzlich. Ich fühlte mich plötzlich unter diesen vielen Menschen allein, ich kannte niemanden. Es war alles so anders, so laut, so ungewöhnlich... So etwas kannte ich nicht.

In den nächsten Tagen kamen immer wieder Besucher, die uns willkommen hießen. Ich kannte die Sitten nicht, aber anderseits kannte man auch mich und meine Kultur nicht, um mich verstehen zu können. Innerhalb kurzer Zeit wurde ich ein Mitglied dieser Familie. Der Tagesablauf wurde, ohne mich zu informieren, von allen bestimmt. Die Besucher wurden von mir bedient mit Tee, Kaffee, Gebäck. Nach einigen Tagen mussten wir die Verwandtschaft meines Mannes besuchen, bis ich die gesamte Familie kennengelernt hatte. Das war für mich ein Kulturschock!

Diese Zeremonien wiederholen sich selbstverständlich jedes Jahr. Mittlerweile habe ich mich an alles gewöhnt, ich beherrsche die Sprache und habe mich ausführlich mit der Kultur befasst. Ich habe meine Schwiegereltern auch ohne meinen Mann besucht. Trotz aller Hektik sind die Menschen immer hilfreich und freundlich. Wenn ich heute nach einem längeren Türkeiaufenthalt wieder nach Deutschland komme, muss ich mich zuerst wieder an die Zurückhaltung meiner Landsleute gewöhnen."

REGIONEN DER TÜRKEI und Herkunfts- und Ferienorte der Familien

Die Regionen: 1 Marmara 2. Zentralanatolien 3. Ägäis 4. Mittelmeer 5. Schwarzmeer 6. Süd-Ost Anatolien, 7. Ost-Anatolien

▲ Herkunftsorte   ✦ Sommerorte

Bearbeitete Grundlage https://commons.wikimedia.org/w/index.php?curid=820773

Nachwort des Vereins für Internationale Freundschaften ViF

Erinnerungen älterer Migranten und Migrantinnen, der Schatz muss gehoben werden

ViF e.V., der Verein für internationale Freundschaften in Dortmund, ist seit seiner Gründung ein Selbsthilfeverein älterer Migrantinnen und Migranten, die nach dem Ende ihres Arbeitslebens in Dortmund nach Möglichkeiten suchten, um noch zu lernen und ihre frei gewordene Zeit sinnvoll zu verbringen. Dazu gehörte, das so lange durch die Arbeitsbedingungen eingeschränkte Deutsch aufzubessern, die aus demselben Grund immer noch unbekannt gebliebene Umgebung, Museen, Sternwarte, Zoo, Nachbarstädte und zum Beispiel europäische Nachbarstädte wie Amsterdam aufzusuchen und vor allem die erst im Alter auftretenden Fragen der Versorgung, der Gesundheit, der Sicherheit, aber auch der Einsamkeit aufzuwerfen und zu bewältigen.

Ein „Erzähl-Projekt" entsteht, Erinnern heißt nicht vergessen!

Ende 2012 entstand im Verein bei vielen Mitgliedern das Bedürfnis, die eigene Migrationsgeschichte, zunächst die der Arbeitsmigranten, zusammen-zutragen. Es sollte diesen endlich eine Stimme gegeben und ihr Beitrag zur Geschichte der Stadt gewürdigt werden. Zunächst war es ein Austausch und ein Vorüberziehenlassen der schweren und der guten Zeiten ihres Einwandererlebens, mit Weinen und mit Lachen. Es konnte relativiert werden, das individuelle Schicksal ließ sich in das gemeinsame einbetten, wurde leichter. So konnte Selbstgewissheit zurückgewonnen, Identität neu und gemeinsam aufgebaut sowie sich gegenseitig vermittelt werden.

Darüber hinaus ging und geht es dem Verein um die Sicherung der Alltagsgeschichte unserer Industrieregion, an der die Arbeitsmigranten einen wesentlichen Anteil haben. Auf Initiative von Sevgi, der Tochter Hatice Sarıkayas begann der Verein 2015 mit der Spurensuche zur noch unbekannten Geschichte ihres Vaters Bekir und seiner Lehrlingskollegen. Daraus entstand die Wanderausstellung „Glückauf in Deutschland", die die Geschichte von 9 ehemaligen Jugendlichen von ihnen selbst erzählt, die 1964 aus der Türkei zur Lehre in den Ruhrbergbau kamen, erfolgreich waren und mit ihrem Enthusiasmus, Lerneifer und der umfassenden Unterstützung von „Pestalozzieltern", Nachbarn, den Gewerkschaften, den Zechen und den Medien an der wirtschaftlichen Entwicklung der Region beteiligt waren. In der vorliegenden Veröffentlichung wird dieselbe Geschichte aus der Perspektive der Frauen erzählt, die ebenfalls heute Seniorinnen sind. Auch ihre Erinnerung ist Teil der Geschichte der Region und im Besonderen der Migrationsgeschichte.

Erinnern wir uns …

Nur wenn wir unsere Erinnerung in die Öffentlichkeit tragen kann sie Teil der Geschichte eines Raumes, einer Stadt, einer Gruppe werden. Erst die ältere Generation erkennt beim Rückblick auf ihr jeweiliges persönliches Leben diesen Zusammenhang. Ihr individuelles Leben kann sich darin einordnen, die Geschichte bereichern, identitätswirksam werden, und sie selbst können sich ihrer Bedeutung im Fluss der Gesellschaft vergewissern und Selbstgewissheit erlangen.

Und außerdem …

Es ist einfach an der Zeit, die Gastarbeitergeneration der 60er- und 70er Jahre anzuhören und ihre Lebensleistung zu würdigen bevor es zu spät ist.

Die vielen Menschen unterschiedlichster Herkunft, die un-ter Arbeitsvertrag standen, sind ein beachtlicher Teil der Aufbaugeschichte Deutschlands, seiner urbanen Regionen, vor allem des Ruhrgebietes der Nachkriegsepoche. Sie konnten bei harter Arbeit den entstehenden Wohlstand „genießen", wurden aber auch als erste Opfer der Krise im Bergbau und in der Stahlindustrie. Sie mussten sich immer wieder neu orientieren und haben es nie leicht gehabt. Rassismus war kein Fremdwort für sie, jeder und jede hat in irgendeiner Form den Geschmack von Fremdenfeindlichkeit kennengelernt. Sie haben trotzdem durchgehalten, überleben und sich behaupten gelernt.

Da es für die meisten ein Familienprojekt geworden ist, können viele heute stolz auf die Erfolge ihrer Kinder und Enkel blicken, was ihren Anstrengungen schließlich einen Sinn gibt. Wie alle älteren Menschen haben sie das Bedürfnis, ihre Wurzeln aufzuspüren, ihre Lebensgeschichte nachzuzeichnen und ihre Lebenserfahrungen an die nachfolgenden Generationen weiterzugeben. Erinnern ist Teil ihrer eigenen Identitätssuche, die erforscht und mitgeteilt werden möchte. Und dies trifft auf alle älteren Migranten und Migrantinnen zu – unabhängig von ihrer Nationalität oder kulturellen Herkunft und auch unabhängig vom Anlass ihrer Einwanderung.

Diese Suche und das Bedürfnis nach Vermittlung zu fördern, die Erfahrungen zu bewahren, zugänglich zu machen für die Stadtgeschichte, für nachfolgende Zuwanderer und auch für die eigenen Kinder und Enkel bleibt eine Aufgabe der Gesellschaft. Es ist an der Zeit, den Arbeits-Migranten der 60er und 70er-Jahre und ihren Familien eine Stimme zu geben und die Leistungen dieser ersten Generation zu würdigen, den tausenden Migranten und Migrantinnen aus dem Franko-Spanien, aus der Armutsregion Sizilien oder dem Osten der Türkei und aus anderen Regionen.

Ein wichtiger Teil ihrer Lebensgeschichte steckt noch immer im Verborgenen, im tiefen Gedächtnis jeder einzelnen Person zwar, ist jedoch weder öffentlich noch bekannt. In ihrem eigenen Interesse und auch im Interesse der Region und der Stadt muss der „Schatz" gehoben werden, der ihrer persönlichen Geschichte das notwendige Gewicht als Teil der Migrations- und Entwicklungsgeschichte gibt.

Die Bedeutung der Erinnerung für ältere Menschen und für die Gesellschaft

Der demographische Wandel betrifft auch die Zuwanderer. Auch die Migranten werden älter. Sie sind im Seniorenalter, ihr Anteil an der Gesellschaft nimmt zu, vor allem bei den Zuwanderern aus der Türkei. Seit dem „Fall der Mauer" sind die russisch sprachigen Zuwanderer dazugekommen.

Für viele Zuwanderer aus der „ersten Generation" ist die Rückkehroption nicht mehr gültig, sie sind aus den verschiedensten Gründen geblieben, vor allem aber sind ihre Kinder und Enkel in Deutschland. Die Großeltern möchten ihre Enkel erleben – die Türkei ist eine Ferienoption geworden.

Altern bedeutet für viele von ihnen: weniger Einkommen, geringere Mobilität, zunehmende Gesundheitsprobleme, angewiesen sein auf Hilfe und zunehmende Einsamkeit. Wie ihre deutsch stämmigen älteren Nachbarn wünschen sie sich im Alter: Selbständigkeit und Unabhängigkeit so lange wie nur möglich, Teilhabe am gesellschaftlichen Leben. Sie sind durchaus neugierig auf Neues, möchten im Kreis vertrauter Menschen sein und ebenso wichtig ist ihnen die Rückschau auf das gelebte Leben in der Fremde: Spurensuche zur Sicherung der eigenen Identität.

Fachleute, die sich mit der Zukunft der Senioren-Sozialarbeit auseinandersetzen, halten „Biografiearbeit" für eine wegweisende Aufgabe der Gesellschaft, die es ermöglicht, im Alter die Suche nach kultureller Identität zu stützen, indem an Biografien anknüpfend ähnliche biografische Erfahrungen zu einer wechselseitigen Bestätigung geteilter Lebensstile, Wertvorstellungen und damit Selbstwertgefühl und Sicherheit führen.

Spurensuche als Teil der Regionalgeschichte

Das Land Nordrhein-Westfalen hat als erstes Land 2013 ein Gesetz zur Migration verabschiedet und die Städte zum Handeln aufgefordert, Strategien und Projektlinien zu entwickeln und Migrantenselbstorganisationen (MSO's) daran zu beteiligen und zu unterstützen. Die Stadt Dortmund war eine der ersten, die eine „Migrationsagentur" eingerichtet und gemeinsam mit Initiativen und Organisationen ein Handlungskonzept entworfen hat. „Spurensuche – Spurensicherung" des Vereins für Internationale Freundschaften ViF e.V. ist ein Teil dieses Prozesses im Bereich von Seniorenarbeit geworden.

„Spurensuche – Spurensicherung" wird als ein Prozess des Festhaltens Urbaner Migrationsgeschichte in unseren industriell geprägten Städten verstanden, als ein notweniger Teil gesellschaftlicher Erinnerung, selbst erzählt und dokumentiert von Arbeitsmigranten der 60er- und 70er-Jahre, heute Senioren und Seniorinnen. Narrative der Einwanderung vor 50 Jahren und ihre Wahrnehmung als integralen Bestandteil der Industrie- und Stadtgeschichte und nicht als Randphänomen aufzuzeigen war Anlass, Motivation und Ziel gebend für dieses Projekt. Die allseits sichtbare Bedeutung von Migration in unserer Gesellschaft soll darüber eine Anerkennung, die über die Sichtweise des „Wir" und „die Anderen" hinausgeht erfahren, weil der Blick sowohl von innen, also dem „selbst Erlebten" ausgeht, als auch den „Blick nach außen" einfängt, die Umwelt, die Stadt, die Industrie und die Region, das Ruhrgebiet.

Mit den vorgestellten Biografien werfen die Beteiligten ihren eigenen Blick auf die von ihnen gelebte Integration. Indem sie selbstbewusst ihre Geschichte aufarbeiten, kreativ damit umgehen, diese darstellen, erforschen, dokumentieren, berichten, archivieren und nach außen tragen, wirken sie als Botschafter in die eigene Migrantengemeinde, in die anderen Migrantengemeinden, zu den nachfolgenden Generationen und vor allem in die Gesamtgesellschaft hinein. Sie leisten einen aktiven Beitrag zur Integrationsdebatte und zum sozialen Gleichgewicht der Stadt. Das Bild älterer Migranten und Migrantinnen wird bereichert und verändert sich. Nicht mehr erscheinen sie als Opfer der Verhältnisse, unsichtbar und allenfalls durch Sprachprobleme und Kopftücher wahrgenommen, sondern als aktive selbstbewusste Menschen, die zu ihrer Geschichte stehen.

Das Interesse an der eigenen Rolle im bundesdeutschen Wirtschaftswiederaufbau der 6oer- und 70er-Jahre, dessen wichtiger Teil sie waren, wird so auch für andere geweckt, die weniger privilegiert waren und nicht zu der Familie geförderter Ingenieure aus der Türkei gehörten. Ihre Frauen spielten eine ebenso wichtige Rolle für den Erfolg der türkischen Bergmänner der ersten Stunde und die Nachkriegsgeschichte und besonders des Ruhrbergbaus.

Die Geschichte der Frauen an der Seite türkischer Bergleute im Ruhrbergbau ist bisher wenig bekannt und kaum bearbeitet worden. In Zusammenhang mit dem Erzählprojekt „Glückauf in

Deutschland" schließen wir mit den Erzählungen der Bergmannsfrauen eine Lücke. Wäre die Alltagsteilhabe, das normale Leben der Familien der Ausländer, ihr Beitrag zur Geschichte und zum soziokulturellen Gesamtbild der Städte längst Bestandteil urbaner Erinnerungskultur gewesen – so unsere These – hätte es möglichweise dem immer wieder Aufleben einer negativ geprägten „Ausländerdebatte" längst entgegengewirkt.

Wir holen nun mit dieser Veröffentlichung und in Ergänzung zu Buch und Ausstellung „Glückauf in Deutschland" einen längst fälligen Beitrag zur Migrationsgeschichte, zur Erinnerungskultur und der Bedeutung der Familienfrauen nach und hoffen auf einen „Permanenten Erzähl-Salon" der Migranten und Migrantinnen in Zukunft und in vielen Städten.

Der Vorstand

ViF, Verein für
 Internationale Freund-
 schaften e.V., Dortmund

Die Herausgeberinnen

VIKTORIA WALTZ

Jahrgang 1944, studierte an der TU Berlin Architektur mit Schwerpunkt Stadtplanung und war bis zur Verrentung Dozentin an der TU Dortmund Fakultät Raumplanung. Forschungs- und Arbeitsschwerpunkte: Stadt und Migration, Entwicklung in armen Regionen, besonders Naher Osten/Palästina, dazu diverse Veröffentlichungen. Gründungsmitglied des Vereins für Internationale Freundschaften, Sprecherin und Verantwortliche für das Projekt Spurensuche, Beirat.

CORNELIA SUHAN

Jahrgang 1956, studierte Fotodesign und Fotojournalismus in Dortmund, Bielefeld und San Franzisco. Sie berichtet mit ihren kritischen und eindrucksvollen Bildern aus Kriegs- und Krisengebieten der Welt und richtet bei ihren Reportagen ihre besondere Aufmerksamkeit auf gesellschaftliche Zusammenhänge, insbesondere die Situation der Frauen mit diversen Ausstellungen und Veröffentlichungen. Ein weiterer Schwerpunkt ist die Architekturfotografie.

Anhang

GLOSSAR

Eine kleine Auswahl vorkommender Begriffe, deutsche wie türkische, die nicht allgemein bekannt sein dürften.

Ağa
Bezeichnung für Notabeln, Großgrundbesitzer, Meister, „Graf"

Anatolien (Anadolu)
Bezeichnung für den Festlandsockel „Kleinasien" von der Ägäis Küste bis zum Euphrat. Heute umfasst Anatolien den größten Teil der Türkei. Drei der sieben Regionen gehören dazu: Zentralanatolien, mit z.B. Ankara oder Çorum, Südostanatolien mit z.B. Mardin und Ostanatolien mit z.B. Hakkari, neben der Marmararegion mit Istanbul, der Ägäisregion mit Izmir, der Mittelmeerregion mit z.B. Antalya und der Schwarzmeerregion mit Trabzon oder Zonguldak.

Anna Zillken Schule
Das Anna Zillken Berufskolleg wurde 1928 von Anna Zillken in Dortmund als Fachschule für Soziale Berufe gegründet und bildet heute in mehreren Fachbereichen und Bildungsstufen Erzieher, Heilpädagogen und Sozialpädagogen aus.

Anwerbeabkommen
Zur Beseitigung eines im Rahmen des Nachkriegswiederaufbaus und eines relativen Wirtschaftswachstums entstandenen Arbeitskräftemangels in verschiedenen Branchen, z.B. im Bergbau, schloss die damalige Bundesregierung unter Konrad Adenauer diverse Abkommen zur Anwerbung ausländischer Arbeitskräfte (Italien 1955, Griechenland und Spanien 1960, Türkei 1961, Marokko und Südkorea 1963, Portugal 1964, Tunesien 1965 und Jugoslawien 1968). Zunächst galt das „Rotationsprinzip", d.h. die Befristung einer Aufenthalts- und Arbeitsgenehmigung auf zwei Jahre. Vor allem auf Druck der Arbeitgeber, die einmal angelernte Arbeiter und Arbeiterinnen nicht wieder durch neu anzulernende Arbeitskräfte ersetzen wollten, verlor das Rotationsprinzip seine wirkliche Bedeutung. Doch eine zeitliche Begrenzung von Aufenthalt und Arbeit blieb bestehen und im Rahmen der Ausländergesetze waren Arbeitgeber und Arbeitskräfte gezwungen, jährlich die Verlängerung zu beantragen. 1964 wurde das Rotationsprinzip außer Kraft gesetzt und auch das für die türkischen Landsleute bestehende Verbot des Familiennachzugs aufgehoben. Aus ebenso wirtschaftlichen Gründen („Ölkrise", Rezession) verhängte die Regierung 1973 einen Anwerbestopp. Bis dahin waren z.B. um 700.000 türkische Bürger nach Deutschland gekommen.

Belediye
Türkisch: Stadtverwaltung, Rathaus

B 1
Die Bundesstraße 1 erstreckt sich von der niederländischen Grenze bei Aachen im Westen bis zur polnischen Grenze im Küstriner Vorland an der Oder im Osten. Sie zerschneidet als A 40 Dortmund auf der sog. Stadtkrone zwischen Nord- und Innenstadt und den südlichen Stadtteilen Hörde, Hombruch etc. und ist eine der zentralen Ost-West-Verbindungen des Ruhrgebietes.

Dönüm
Ein altes osmanisches Flächenmaß; 10 (arabisch) dunam sind ca. 1 ha.

DSW21
Dortmunder Stadtwerke

Efesos oder Efes
Ephesos, türkisch Selçuk, im Altertum eine der ältesten, größten und bedeutendsten griechischen Städte Kleinasiens

Eşraf
Türkisch: Honoratioren, alt Eingesessene

Gece Kondu
Türkisch: „Über Nacht gelandet", Bezeichnung für Armutssiedlungen, die wild ohne Baugenehmigung entstanden sind; die Bezeichnung reicht bis in die alten osmanischen Zeiten; wer ein Stück Land des Staates über Nacht bewohnt, hält, kann nicht vertrieben werden und bekommt quasi Wohnrecht, ohne Besitzer zu sein. Zunehmende Landflucht in den Nachkriegsjahren hat zur enormen Ausbreitung dieser Form illegaler Besiedlung in den großen Städten geführt. Über 70% der bebauten Fläche Istanbuls sollen auf diese Weise entstanden sein.

Grubenwehr
Die „Freiwillige Feuerwehr" unter Tage

Hamam
Türkisches Dampfbad, der Begriff wird allgemein benutzt für Bad/WC

Hanım
Türkisch für Frau

„Ihre Heimat – Unsere Heimat"
Deutsche Erstausstrahlung: 17.12.1965 im WDR, Westdeutsches Fernsehen; langjährige Sendung für „Gastarbeiter" in den dritten Programmen, in der Unterhaltung und Informationen für die in Deutschland lebenden und arbeitenden Ausländer geboten wurde. Jede Nation (Italiener, Griechen, Spanier, Türken, Jugoslawen, später auch Portugiesen) bekam etwa zehn Minuten Sendezeit pro Woche zugestanden und wurde mit Musikdarbietungen, Berichten über Land und Leute, Kultur und Folklore sowie einem Nachrichtenblock mit aktuellen Meldungen aus dem Herkunftsland bedient.

İmam
Arabisch: Vorsteher, Vorbild, das geistliche Vorbild der islamischen Gemeinde, religiöses Oberhaupt

İmambayıldı
Beliebtes türkisches Gericht mit gefüllten Auberginen

Kara
Türkisch: schwarz

Katholische Männerfürsorge
Katholische Männerfürsorgevereine wurden in vielen Industriestädten der Nachkriegszeit

(neu) gegründet. Ihren Zweck könnte man damit beschreiben: „Schutz und Rettung für Knaben, Jungmänner und Männer in geistig-sittlicher Not und Gefahr", so in der Satzung z.B. des Katholischen Männerfürsorgevereins Menden von 1950. Diese Einrichtungen entsprachen dem damaligen Verständnis einer strikten Trennung zwischen Frauen und Männern in Kirche und Gesellschaft und damit dem noch verbreiteten Rollenverständnis von Frauen und Männern.

Kemal Paşa, Kemalismus, kemalistisch

Kemalismus wird das Reformkonzept des Gründers der modernen Republik Türkei, 1923, Kemal Paşa, benannt, seine Anhänger Kemalisten oder kemalistisch. Dieses Reformprojekt beinhaltet die sogenannten sechs Pfeile: 1. Republikanisch, 2. Patriotismus, 3. Volk, die Interessen des Volkes haben Vorrang 5. Laizismus, die Trennung von Staat und Kirche, 6. Revolutionismus, gemeint als permanenter Prozess von Reformen, 4. Staatliches, Etatismus, mit teilweise staatlicher Wirtschaftslenkung, Verstaatlichung, bzw. Einflussnahme auf die Wirtschaftsentwicklung durch staatliche Unternehmen (türkisch Tekel), wie z.B. die Beykoz Kundura Fabrikası in Istanbul, eine staatlich gewordene Schuhfabrik, die nicht mehr Armeestiefel vor allem herstellte, sondern Reformschuhe für Jedermann. Moderne türkische Familien berufen sich auf diesen Modernisierungsschub, den die Türkei durch diese Reformen erhielt und dabei vor allem auf die durch die Verfassung garantierten Rechte auf Bildung, die Gleichheit von Mann und Frau, Religionsfreiheit etc.

Knappschaft

Knappschaften sind die ältesten Sozialversicherungen weltweit. Ihr Vorläufer waren Bruderschaften. Kirchliche Institutionen kümmerten sich um die Unterstützung kranker Bergleute und halfen um Hinterbliebene verstorbener Bergleute vor schweren Notlagen zu bewahren. Die Bergleute in einem Revier oder Bergwerk schlossen sich später zur Knappschaft oder auch Bergknappschaft zusammen, um wie eine Gewerkschaft ihre Interessen als Arbeiter zu vertreten. Schon zu Beginn des 19. Jahrhunderts baute die Knappschaft modernste Krankenhäuser auf. Die Knappschaft war bis 2007 eine Krankenkasse für Bergleute, seitdem ist sie eine der Krankenkassen unter anderen. Aus der Tradition der Bruderschaften leben bis heute überlieferte Gebräuche wie das Abzeichen Schlägel und Eisen, der Gruß Glückauf oder z.B. traditionelle Anzüge und Trachten oder Fahnen, die immer noch zu besonderen Anlässen getragen werden.

Krakelee

Krakelee (frz. craquelure, abblättern von Farbe) ist ein Begriff aus der Kunstwissenschaft und bezeichnet feine Risse auf alten Gemälden. Um auf einer farbigen Oberfläche kunstvoller Gegenstände (Vasen z.B.) den Eindruck von „alt" oder „antik" zu erzeugen, wird Krakelee künstlich durch moderne Technik hergestellt.

Lira (TL) Kuruş

Türkische Währung, zurzeit 1€ 4,5 TL

Mahacir oder Muhacir oder Mahci

Türkisch: wahrscheinlich aus dem arabischen Wort Mahadschar für „Emigration", „In der Fremde"; hier Bezeichnung für ehemalige osmanische, muslimische Bürger, die aus verschiedenen Gründen ihre Heimaten verlassen haben, z.B. aus den Balkanländern wie Bulgarien oder aus anderen Gebieten, die nach dem Zweiten Weltkrieg neue Nationalstaaten wurden und nicht mehr zur Türkei gehörten oder aus Gebieten der ehemaligen Sowjetunion, und in die Türkei umgesiedelt wurden.

Pekmez

Traubensaftsirup, der mit Sesampaste zum Frühstück einen wundervollen Brotaufstrich abgibt.

Pestalozzi Siedlung, Pestalozzieltern

Pestalozzisiedlungen waren ein Wohnmodell der Ruhrindustrie zur familialen Unterbringung jugendlicher Bergbaulehrlinge von Dinslaken bis Dortmund in der Nachkriegszeit, um Nachwuchs aus den Flüchtlingslagern zu gewinnen; die Jugendlichen Berglehrlinge aus der Türkei nahmen die frei werdenden Plätze nach 1964 ein.

Putzmacherin

Auch Hutmacherin; ein Beruf, der seit dem 18. Jahrhundert Accessoires zur jeweils modischen Kleidung herstellte, Hüte, Schleier, Garnierungen aus Filz, Stoff, Pelz oder Stroh. 1959 wurden die Berufe der Putzmacherin, der Hutgarniererin und des Hut- und Mützenmachers zusammengefasst und 1969 zum Beruf der Modistin.

Reviersteiger

Steiger ist eine Berufsbezeichnung im Bergbau und kommt sprachlich von dem „Auf- und Absteigen" beim Fahren in die und aus der Grube. Steiger sind „Aufsichtspersonen" mit hoher Verantwortung für mehrere Gruppen oder Tätigkeitsbereiche in und außerhalb der Grube je nach Tätigkeitbereich. Früher waren Steiger Staatsbeamte, später Beamte der Zechen, dann Angestellte. Reviersteiger haben unter Tage die Verantwortung für ein ganzes Revier und sind dort für die Planung der Arbeitsabläufe, für die Kostenentwicklung und für die Koordinierung des Einsatzes von Arbeitskräften und mehr zuständig.

Rucksack-Kita

Ein Projekt, das auch heute noch zur Sprachförderung und Elternbildung im Elementarbereich vom Land NRW gefördert wird.

Rückkehrprämie

Mit dem Anwerbestopp 1973 führte die Bundesregierung unter Helmut Kohl auch die Förderung der Rückkehr mit einer sogenannten Rückkehrprämie ein. Bei einer Arbeitslosigkeit durch Betriebsstillegung wurden Rückkehrern eine Prämie von 10.500,00 DM plus weiteren 1.500,00 für einen Ehegatten und jedes unterhaltspflichtige Kind gewährt. Zusätzlich wurden eingezahlte Rentenbeiträge und staatlich bezuschusste Bausparverträge und Spareinlagen ohne Wartefrist ausgezahlt. Tatsächlich nahm diese Förderung aber nur eine kleine Gruppe der inzwischen 3,8 Mio. registrierten ausländischen Arbeitern wahr.

Stadion Rote Erde

Traditionsreiches Stadion in Dortmund, das 1926 als Kampfbahn Rote Erde in unmittelbarer Nähe der Westfalenhallen an der Strobelallee errichtet wurde.

Tavuk

Türkisch: Huhn

Topkapı Sarayı

Palast der Sultane und über Jahrhunderte Verwaltungs- und Regierungssitz des Osmanischen Reiches. Erst 1856 ließ Sultan Abdülmecid I den Dolmabahçe Sarayı am Goldenen Horn am Bosporus als neues moderneres Domizil der Regierung erbauen. Beide Paläste mit ihren diversen Bauten und Gärten sind heute Museen.

WDR ‚Köln Radyosu'

(türkisch für „Das Kölner Radio") ist eine türkischsprachige Hörfunksendung des Westdeutschen Rundfunks (WDR), die erstmals am 2. November 1964 ausgestrahlt wurde. Sie war die bundesweit erste Sendung einer deutschen Rundfunkanstalt in türkischer Sprache. Heute ist sie Teil des Senders Kosmos.

Zechensterben

Damit wird umgangssprachlich die sog. Kohlekrise bezeichnete, die bereits in den 50er Jahren einsetzte und zu den ersten Ze-

chen(Bergwerks-)schließungen führte. 1968 reagierten Regierung und Bergwerksgesellschaften darauf mit der Gründung der Essener Ruhrkohle AG, RAG, einer Einheitsgesellschaft zur Koordinierung von Abbau und Förderkapazitäten. Hand in Hand mit den Gewerkschaften, damals der IGBE, wurde ein Programm der sozialen Abfederung für die abhängigen Bergleute abgeschlossen, für die die Sanierung des gesamten Sektors einen harten Einschnitt in ihrer Lebensplanung bedeutete. Sozialpläne sahen etwa Frühverrentung und Abfindungen vor, aber auch der Transfer zu anderen Zechen war möglich, was für viele Bergleute neue Arbeitsbedingungen und lange Fahrten bedeuten konnte. 2018 ist das Jahr wo sämtliche dafür notwenige Förderungen aufhören und die letzte Zeche, das Bergwerk Prosper-Haniel in Bottrop schließt, der Bergbau Ruhr sein Ende nehmen muss.

Zur Schreibweise und Aussprache des Türkischen

Nur wenige Buchstaben sind von der lateinischen/deutschen Schreibweise unterschieden

C ist ein weiches dsch wie in Dschingiskhan

Ç ist ein scharfes tsch wie in Thatcher

Ğ wird nicht gesprochen, es dient der Dehnung des vorhergehenden Vokals, also Çelikoğlu = Tschelikohlu

I ein i ohne Punkt wird wie ein kurzes e gesprochen wie in Lieb e, also Sarekaya, ein großes

İ wird im türkischen deshalb mit Punkt geschrieben.

Ş ist ein scharfes sch, also Aysche

Zur Bedeutung von ein paar Vornamen im Türkischen

Wie in christlich geprägten Ländern, die viele Namen dem Lateinischen und der Religion, der Bibel oder dem Neuen Testament entnehmen, gibt es in muslimisch geprägten Ländern einerseits dieselben Namen mit anderer Aussprache, wie Meryem oder Miryiam für Maria, denn der Koran erzählt ja in großen Teilen nichts anderes als dieselbe Geschichte, und andererseits Namen aus dem Arabischen oder Persischen und solche im Zusammenhang mit der Zeit des Propheten Mohammed, seinen Namen wie die seiner Gefährten Ali oder Ahmet und der Frauen, etwa Ayşe, die jüngste und Lieblingsfrau des Propheten.

Daneben gibt es die Namen aus der eigenen Volksgeschichte, und damit auch der Vielvölkersituation des Osmanischen Reiches. Es mag interessieren, mehr über die Bedeutung der hier auftretenden Namen von den Frauen, ihren Ehemännern und Kinder zu erfahren. Dazu einige Beispiele:

Alpay, Heldenhafter Mond, mutig und schön, wie der Mond
Ayşe, das Leben, Lebendigkeit
Azime, die Willensstarke
Bekir, der Neugeborene
Birsen, „Nur Du", die Erste, Einzige
Binnaz, die Einschmeichelnde
Can, Leben, Liebling

Cevriye, Ungerechtigkeit, Strafe
Deniz, das Meer
Devrim, Erneuerung, Revolution
Ebru, die Wolke, wolkenähnlich
Emine, die Zuverlässige, Vertrauenswürdige
Ferhunde, die Fröhliche, Glückliche
Garib, besonders, fremdartig
Gonca, Knospe
Gönül, das Herz, die Seele
Gülsen, der Rosengarten
Hacı, der Pilger
Hatice, die Frühgeborene
Hafize, die Korangelehrte
Halit, der ewig Lebende
Hasan, Schönheit, liebenswertes Handeln, lieb
Hayriye, die Gesegnete
Melike, Königin
Murtaza, der Zufriedene
Münevver, die Wissende, die Gelehrte, die Weise
Lale, Tulpe
Oğuz, aufrechter und guter Mann, stark, junger Stier
Recep, würdevoll stattlich, mächtig
Seda, Echo, Stimme, Geräusch, Klang
Selim, der Unversehrte
Serkan, das adlige Blut
Sevda, Liebe, Sehnsucht
Sevgi, Liebe, Verliebtheit
Sevil, geliebt, beliebt
Tarkan, Titel oder ein militärischer Rang, alttürkisch
Uğur, das Glück, Glücksbringer, der Geschickte
Yeter, genug
Yüksel, das Wachsen des Geistes
Zeki, der Schlaue, der Intelligente

DOKUMENTE

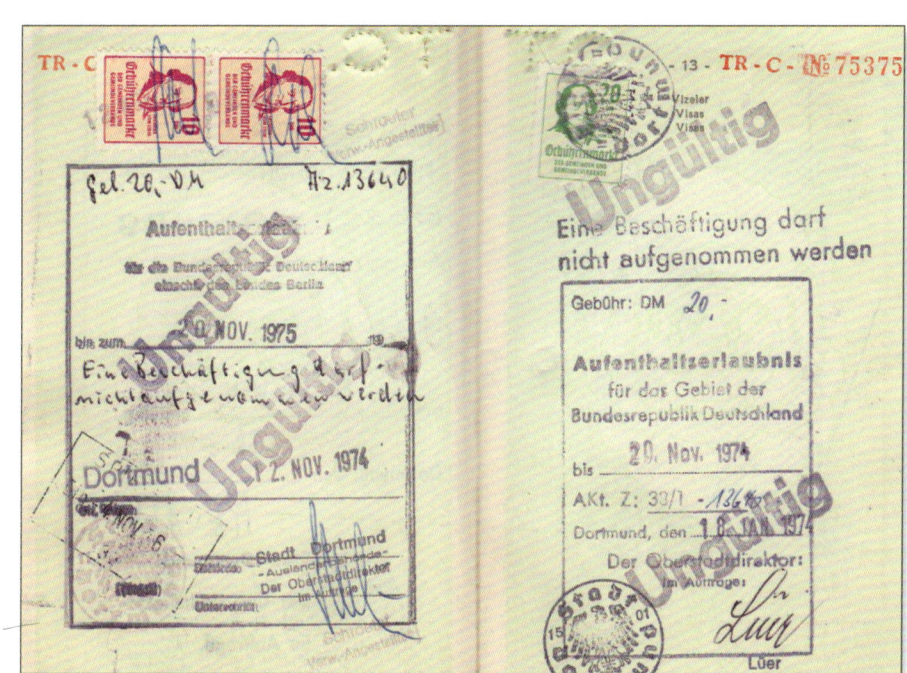

Der erste Pass von Münevver Karaoğlu, eingetragen als Hausfrau (femme des famille)

Aufenthaltserlaubnis – Verbot, eine Beschäftigung aufzunehmen

Antrag auf Arbeitserlaubnis

Application for a working permit

Demande de permis de travail

Αἴτησις πρὸς χορήγησιν ἀδείας ἐργασίας

Requerimento para autorização de trabalho

Zahtev za izdavanje odobrenja za rad

Solicitud para un permiso de trabajo

Çalışma müsaadesi dilekçesi

Angaben zum Antragsteller

1. Name (bei Frauen auch Geburtsname) ggf. Künstlername	2. Vorname (Rufname)	3. Geschlecht
Yilmaz, geb. Dogan	▮▮▮▮▮▮	☐ männl. ☒ weibl.

4. Geburtsdatum, Geburtsort, ggf. Land	5. Staatsangehörigkeit
2o. 9. 195o Türkei	türkisch

6. Wohnung in der Bundesrepublik Deutschland/Berlin (West) (Postleitzahl, Ort, Straße, Hausnummer)	7. Datum der letzten Einreise in die Bundesrepublik Deutschland/Berlin (West)
4703 Bönen, Im Hasenwinkel 2o	

8. Familienstand	9. Mit einem/einer Deutschen oder einem/einer Staatsangehörigen aus einem EWG-Mitgliedsstaat verheiratet?	11. In der Bundesrepublik Deutschland/Berlin (West) ununterbrochen beschäftigt seit (Datum):	12. Einreise mit Sichtvermerk?
☐ ledig ☒ verheiratet ☐ verwitwet ☐ geschieden	☐ Ja ☒ Nein 10. Anerkannter ausl. Flüchtling? ☐ Ja ☒ Nein	13. 8. 1971	☐ Ja ☐ Nein

13. Letzter Arbeitgeber in der Bundesrepublik Deutschland/Berlin (West) (Name, Ort)	14. Letzte Arbeitserlaubnis erteilt vom Arbeitsamt/Dienststelle in
Fa. Heinrich Kissing, 5750 Menden 10.5.76	Iserlohn

15. Aufenthaltserlaubnis ist	am	durch/bei Ausländerbehörde	Aufenthaltserlaubnis/Duldung bis
☒ erteilt ✓ ☐ beantragt ☐ geduldet		Kreis Unna	29.8.77

Arbeitserlaubnis wird beantragt für eine Beschäftigung

16. bei (Name des Arbeitgebers, Postleitzahl, Ort, Straße, Hausnummer)

Fa. Heinrich Kissing, 5750 Menden, Werler Str. 18

17. als (Art der beruflichen Tätigkeit)	18. für die Zeit (von · bis)	19. Beschäftigungsort/gebiet
Stanzerei u. andere Hilfsarbeiten	1o.5. 77- 9. 5. 78	Menden

20. Datum	21. Unterschrift des Arbeitnehmers	Es wird bestätigt, daß der Arbeitnehmer entsprechend dem Antrag beschäftigt werden soll 22. Unterschrift des Arbeitgebers
29.4. 77	Yilmaz	Heinrich Kissing

(wird vom Arbeitsamt ausgefüllt)

Bundesanstalt für Arbeit	Ⓐ	**Arbeitserlaubnis**	Arbeitsamt Iserlohn

Gemäß § 19 des Arbeitsförderungsgesetzes (AFG) vom 25. 6. 1969 (BGBl. I S. 582) wird dem obengenannten nichtdeutschen Arbeitnehmer hiermit eine Arbeitserlaubnis erteilt

Umfang der Arbeitserlaubnis (Nichtzutreffendes streichen)	Geltungsdauer von - bis
1. Für eine berufliche Tätigkeit entsprechend der Ziff. 16 u. 17 des Antrages	1o.5.77 - 9.5.78
2. Für eine berufliche Tätigkeit als	Geltungsbereich
3. Für eine berufliche Tätigkeit jeder Art	Bei dem unter Ziffer 16 genannten Arbeitgeber im Arbeitsamtsbezirk Iserlohn

Diese Arbeitserlaubnis wird unter dem Vorbehalt des Widerrufs aus Gründen des Arbeitsmarktes zum Ende des ersten oder zweiten Jahres ihrer Geltungsdauer erteilt (§ 7 Abs. 2 AEVO). Der Widerrufsvorbehalt gilt nicht, sofern diese Arbeitserlaubnis für länger als drei Jahre oder unbefristet erteilt ist.

Gilt nicht für Tätigkeiten im Rahmen der Arbeitnehmerüberlassung

Bitte Hinweise auf der Rückseite beachten!

Datum	Dienstsiegel	Im Auftrag
11. 5. 77	[ARBEITSAMT ISERLOHN]	

Ausl. Nr. 1 - 7.76 (Blatt 1)

Ausfertigung für den Arbeitnehmer

Ein typischer Antrag auf Arbeitserlaubnis: Gebunden an den konkreten Arbeitgeber und den Arbeitsamtsbezirk, befristet auf ein Jahr und an die Aufenthaltserlaubnis gekoppelt